谨以此书献给所有女性，
因为她们让世界更美好。

享受晚年时光
——女性如何应对晚年生活的挑战

※

[美] 布瑞杰蒂·妮奥奇　著
夏剑华　译

中原出版传媒集团
中原传媒股份公司

大象出版社
·郑州·

图书在版编目(CIP)数据

享受晚年时光：女性如何应对晚年生活的挑战 / (美) 布瑞杰蒂 · 妮奥奇著；夏剑华译.— 郑州：大象出版社，2020. 4

ISBN 978-7-5711-0580-8

Ⅰ. ①享… Ⅱ. ①布… ②夏… Ⅲ. ①女性-老年人-生活方式-通俗读物 Ⅳ. ①C913. 6-49

中国版本图书馆 CIP 数据核字(2020)第 047192 号

XIANGSHOU WANNIAN SHIGUANG

享受晚年时光

——女性如何应对晚年生活的挑战

[美]布瑞杰蒂·妮奥奇 著

夏剑华 译

出 版 人 王刘纯
策划编辑 杨秦予
责任编辑 董 涛 徐淯琪 高 英 颜 颜
责任校对 牛志远
装帧设计 王莉娟

出版发行 大象出版社(郑州市郑东新区祥盛街 27 号 邮政编码 450016)
发行科 0371-63863551 总编室 0371-65597936
网 址 www.daxiang.cn
印 刷 洛阳和众印刷有限公司
经 销 各地新华书店经销
开 本 720 mm×1020 mm 1/16
印 张 10.75
字 数 146 千字
版 次 2020 年 5 月第 1 版 2020 年 5 月第 1 次印刷
定 价 39.00 元
若发现印、装质量问题，影响阅读，请与承印厂联系调换。
印厂地址 洛阳市高新区丰华路三号
邮政编码 471003 电话 0379-64606268

喜悦与平和

我想要一种简单的生活，
一种欢乐与平和的生活，
生活中有工作、音乐和嬉戏。
我的精神自由、放松，
我会爱上每一只鸟、每一朵花。
我张开双臂，
拥抱所有生命。

我想要一种简单的生活，
一种欢乐与平和的生活，
生活中有工作、音乐和嬉戏。
独享生活，
但并不孤单，
我的灵魂自由自在。

※ 爱丽丝·奥康纳 82 岁时为她的朋友们而作

目 录

引 言

我从不考虑我的年龄，也不认为我已衰老。虽然岁月不饶人，但岁月对我的感觉或相貌没有任何影响。

我经常被问到为什么我如此精力充沛。我有吗？总有人对我说，我看起来比我的实际年龄年轻。难道不是吗？我很高兴听到这些评价。在我去法国度假前，我一直觉得我没什么与众不同。

我和一位年龄比我略小的英国女士安吉成了朋友。她说："知道吗，你非常鼓舞人心。我很佩服你对生活的热情和积极的态度，希望会感染到我。"

当我想到她对我的评价，我会问自己为什么不觉得年老或看起来比自己的实际年龄年轻，有关这个问题的答案就成了我写这本书的灵感和理由。

我生性乐观，总能发现事物积极的一面。此外，我对时尚和美丽的挚爱告诉我，永远不要放手，我们每个人对自己的外表、自信和幸福负有重大的责任。

我也不知道是什么吸引我进入时尚界，让我决定学习服装设计。也许是因为战争期间我是穿着改做的旧衣服长大？我记得当年我的母亲拆掉外祖母的旧羊毛衫，用旧毛线为我织裙子（我讨厌穿它。更糟的是，毛裙变得过于短小时，母亲又补接了一块布，简直超级难看）。

我在高级时装界经历了许多困难和波折。每一次困难和波折对我都是新的挑战，并教会了我一些新东西。

我从巴黎弗莱里－德拉波特设计学院即将毕业时，著名的瑞士女影星莉泽洛特·普尔韦尔请我为她设计一套礼服，她会穿着这套礼服与英国王太后、玛格丽特公主及公主的丈夫斯诺登勋爵在伦敦欧迪恩剧院会面。

我的第一个想法是：哦，我还没准备好，我还没有能力做到！

我是经莉泽洛特的妹妹，也是我母亲的朋友克里尼·普尔韦尔介绍，认识了这位影星。克里尼在巴黎当记者，她欣赏我作为一名设计师所取得的进步。一方面她对我充满信心，另一方面我认识到获得这个机会是多么荣幸和难得，这给了我接受挑战的勇气，于是我欣然接受。

我做过五年的模特——加拿大蒙特利尔三年，美国纽约两年——这段阅历教会了我自律。自律从未离开过我……永远不会离开。因为一旦受聘于某位摄影师或艺术总监去完成某项工作或参加广告活动，我就必须去他们的工作室进行所谓的试镜。

发型、妆容和服装都必须无可挑剔，就好像随时准备走到摄影镜头前一样（今天的模特们往往穿着牛仔裤和T恤来自荐，替她们证明自己的是代表专辑中的图片）。

在那些日子里，我必须始终保持良好状态，直到今天我都坚持这么做。它已成为我的第二天性。

有一天，我和儿媳安一起乘电梯，偶遇同楼的一位女士，她转身对我说：“你看起来总是那么漂亮。”我还没有来得及答话，安就说：“就算我婆婆去洗衣店，她看起来也是很漂亮的。”

我儿子马克六个月大的时候，我们为凯伦·普莱尔的《护理你的宝宝》拍了封面照。给我介绍这份工作的中间人认为我们母子的组合有很大潜力可挖。但那时我年纪已经不小，作为母亲，我的优先事项也随之发生了改变。因此，我又回归设计师本行，在纽约开了家精品店。我设计服装，我母亲负责接待客户。

在我们经营这家店的许多年里，我了解到许多女性对自己的风格，甚至看起来还不错的风格有多么不自信。所以五年后租约到期时，我成了一名时尚顾问。除了为客户提供私人定制服务，我还举办研讨会，写了两本关于时尚方面的书：《时尚穿衣》和《格调：穿出来的品位》（后者还被翻译成中文并在中国出版）。

重塑自我是我经常听到的一句话，这样做肯定是一种保持青春和活力的方式。但是当我第一次听到时，感到困惑，因为我一生所为，早已习惯成自然。

一家设计工作室聘用了我，这对我是新的挑战；我在那里工作了一年，最后被解雇。虽然事情发生在多年之前，但对我来说却仍然像是昨天发生的一样。失望和愤怒——极端的愤怒——我离开了那家工作室。在我迈出大门的那一刻，我对自己作出承诺：我将永远不会再为别人打工。我确实做到了。

我开始创建自己的设计工作室。这并不容易。第一年我在家工作，后来我在纽约的第四十二街租下一间工作室，面积不大，就在百老汇附近。我向位于世界时尚之都第七大道的服装公司或家居公司出售彩绘或编织设计。我的客户包括梅西百货、春天、韦弗里、唐娜·凯伦、卡尔文·克莱恩、丽兹·克莱本以及其他许多公司。除了推销设计，工作室的业务还包括每年参加在法兰克福和布鲁塞尔举办的贸易展，前往巴黎和伦敦购买新货以续补我们的库存。这个工作室我经营了许多年。

我不断重塑自己——拥抱新的挑战，我从未失去尝试新生事物的积极态度或意愿。

数以百计的网站、社交媒体帖子以及关于老年或增龄添岁话题的博客证明，数以百万计的年过半百的美国人都很关心或者正在努力面对老龄问题。有些帖子严肃，有些谐趣；有些人安慰我们，衰老不是我们的错，也不是什么坏事。但总有一个潜在的问题："如果是我们自己在变老呢？"

答案是：衰老发生在我们每个人身上。心态的不同以及你面对未来的方式不同，会产生不同的结果。你一生都在迎接挑战、克服困难，而今怎么采取了迥异的态度？衰老是你人生必经阶段，如果你保持积极的态度，你就能把握好这个阶段。我希望这本书可以帮你找到生活的希望，你会感受到我就陪伴在你身边！

“虽年老，但我不服老。”

第一章

你的年龄不关他人的事

哦，我不会告诉你我多大了。如果我这样做，你会用异样的眼光看我，你会先入为主地用这个数字所代表的年龄来判断我所做或所说的一切。

我曾经告诉别人我的年龄，这是我犯下的错。我当时就后悔了，现在仍然追悔莫及。珍妮特，我的一个朋友，住在瑞士，小我 10 岁。她游历纽约时恰逢我的生日。我们去酒吧喝了几杯，突然她发问："能告诉我你的年龄吗？"于是我掉进了圈套。

或许是三杯葡萄酒下肚，或许是因为我知道我看起来并不比她老。无论如何，我的自负占了上风，我告诉了她我的年龄。

"我能帮你搬吗？"第二天，看我抱着一个小包裹，她问道。真是的，我想，我为什么要告诉她我的年龄呢？后来，她问我是否愿意和她一起去哥斯达黎加，她认为那里真的很惬意，我没什么可担心的。

我为什么要担心？但她担心，因为她知道我的年龄。

人们常说，"年龄只是一个数字而已"，而且享受晚年生活的关键在于你将要做什么。这虽是老调重弹，但这句话我们可以转译为"你觉得自己多大你就是多大"。

如果年龄只是一个数字，为什么每个人都想知道我的年龄？

变老是不可避免的，但是变老的速度是你自己的选择。我知道我还没有准备老去，我享受着我的生命，并没有想过自己的年龄。只有当生日临近——这始终是一个现实考验！或者当一位朋友说："下周不是你的生日吗？"我才会记起自己的年龄。

"我再也不过生日了，"我说，"好多年前我就不过了。"

我经常遇到的反应是"真是个好主意"。这么多年，我也听到有人回答"我永远都是 39 岁"或者"我已经开始倒计时啦"。

尽管我努力忽略我的出生日期，这个世界却不会。它就写在我的驾驶证上……当有人问："我能看您的身份证明吗？"这总让我有些紧张。我一直希望他或她会忽略我的年龄。幸运的是，他们通常的确不会在意。

我去取降压药时，药剂师会问："您的出生日期？"我就很奇怪，难道她在我的病历中找不到我的年龄，或者知道我的年龄后她会要求我增付药费？于是我压低声音回答她。

"请您大声点，好吗？"她又问了一遍。

我又重复了一遍，现在排在我后面的每个人都知道了我的年龄，但很可能没有人会在意我的年龄，然而我在意！你可能觉得我虚荣。也许是吧，但一次又一次说出和听到自己的年龄，总会让我重新记起自己的岁数。记起的年龄就会印证这个年龄，这是我不能容忍的。或许它将在我的大脑中沉淀并在我的骨髓中蔓延，从而扼杀我前行的活力。忘却年龄也许是小小的动力源，虽然不复像 25 岁甚至 40 岁的中青年，但我仍然昂首前行，不会步履蹒跚。

是的，年龄只是一个数字。但是，哈，我们一个不当心，它就会深深影响我们。我的朋友安吉拉非常有活力，看上去比实际年龄小很多，最近她过生日。我问她想要如何庆祝时，她说："噢，天哪，这是一个很大的问题。我真的不想庆生。你能想象吗，我马上 × 岁了！"

（不，我不会告诉她。）

"它发生在我们所有人身上。"我当时回答，但她没有听到我的声音。

我注意到，自她生日之后，安吉拉每说一句话都要加上"现在，在我这个年纪”，或者“我不知道我还能这样多久”，或者“你永远不会知道，到了我这样的年龄，一旦生病……”她之前从未有过这些想法，但她的上一个生日给了她一件可怕的礼物——它剥夺了她年轻的感觉。

“请不要一直谈论你的年龄，这样谈话开始让我感到压抑。”有一天我对她说。

“但事实确凿，我已经 × 岁了，谁知道会发生什么，谁知道我能不能活着看到我的孙子孙女们完成学业。”

对她我真有些受不了，却又不知道该说些什么，我引用了我外祖母的话，她一直都是我生命中智慧的灯塔：“你知道，如果你不想变老，你必须年轻！除非死去。”

而今安吉拉满脑子都是对垂垂暮年的胡思乱想，她不明白我想告诉她什么，只是继续罗列着从现在开始她会遇到的一桩桩难以招架的事情。

我年老（或年轻），正如我所需要的那样

听到自己大声报出的年龄，并且不断指出它的消极面，不仅会使我周围的世界深信我已经老了，更重要的是，它会让我觉得自己真的老了。

很久之前，曾经有段时间，没有人敢问女士的年龄。即使有人问，她们也绝不会说。

今天，人们总是问起女性的年龄。我不知道为什么，或者说，我不知道，获悉女性的年龄对人们来说有那么重要吗？我们生活中的新生代文化莫非真有这么大的影响力？每当有人问起我的年龄，我总是感到诧异，但我很快就恢复镇定，这样回答：“上年纪了！”

随之而来的往往是另一个问题，顺序大略是“现在，真的，您具体的年龄？您可以告诉我！我会替您保密”。

大概率事件！

如果我如实奉告，我就会听到她对她的朋友讲：“你能想象她多大了吗？

她看起来真不像这个年纪的人。她看起来可真年轻，我一直觉得她不是这个年龄段的人！”

另一种不透露年龄的方法是拒绝回答诸如“您已经在这儿住多久了”之类的问题。

我的天，我永远住在这里，但我会告诉你吗？不!

“哦，很长时间了。”我会说。

另一个狡诈的问题是：“您的孩子多大了？”我们不能谎报孩子的年龄，所以我必须说实话。但谁知道我生儿子时的年龄，也许只有 18 岁，甚至更年轻！当然，并不是每个人都说实话。我 14 岁时，我母亲弗里德尔和我移居澳大利亚。在挪威客轮斯考布林号上，母亲遇见了船主法布尔先生。他五十出头，是个温文尔雅、头发花白的法国人，说话时声音柔和且带着迷人的口音。母亲让我说我只有 12 岁，这样她可以看起来更年轻。我不明白。她只有 36 岁，是个漂亮、丰腴的女人，金色的头发勾勒出漂亮的脸庞，与男人说话时，她的蓝眼睛闪烁着迷人的光芒。

她也许不想让人家觉得她老？具有讽刺意味的是，到澳大利亚后，我不想继续求学，试图外出找工作，我对别人谎称自己 18 岁。我侥幸得逞，因为我看起来非常成熟——我的意思是，身体发育得很好。当时，找工作不需要出示年龄证明文件。经过培训，我成为澳大利亚悉尼都市酒店的员工，负责发放薪水，合同期三年。工资发放名单上有 200 多个人，我想如果经理朗利先生知道他将员工的薪水交给一个年仅 16 岁的女娃娃来负责，他可能会改变主意。

无论何时何地你都不要考虑、谈论或提及你的年龄，这样做虽然不会让你完全忘记年龄，但年龄将显得无足轻重。淡忘年龄不仅会改变你看待自己的方式，还会改变你看待他人的方式。68 岁或者 73 岁并不重要，重要的是要有一颗年轻的心。

刚开始你可能不得不反复练习并在开口之前考虑再三，从而避免说出“1963年我生活在巴黎……”这样的话。因为这会暴露你的真实年龄！相反，你只要说“我住在巴黎的时候……”这样措辞有两个好处：除了没有暴露你的年龄，你还会想起在巴黎的生活是多么美好，而不是关注它是发生在多少年之前的事。

多老算是老？

有趣的是，随着多年来人类的进步，我们不断突破“老年”的界限。

“我很沮丧。”我的朋友艾尔玛前几天告诉我。

我问她为什么，她绝望地摊开双手，说：“我下周就满30岁了。我从没想过我会变得这么老。”

不，我们都没有想过我们会“这么老”。什么？30或40或50？甚至更老？没门儿！这些只会发生在别人身上——不是我！但是随着岁月流逝，你会发现“老”的想法离你越来越近。

当我还是个孩子的时候，我不明白为什么像我祖父母这个年纪的人看起来会如此不同。我对祖母的唯一记忆就是她的衰老。其实她当时并不老，只有50多岁，我从未想过有一天我会像她一样。

《圣经》中说：“无知者有福。”我认为年轻人是幸福无知的。请原谅我又老调重弹（我认为老调之所以流传长久，是因为它们讲的是大实话）：“年轻人挥霍他们的青春。”很长一段时间，我都不明白这句话的含意，可能是因为我是那些无知的年轻人之一。当我不再年轻，我幡然醒悟。青春被挥霍，是因为年轻人把好运视为理所当然，没有意识到好运不会持久。用我外祖母的话来说就是：“衰老的唯一好处就是它发生在每个人身上。”

艾尔玛是对的：女人的第一道坎儿是30岁。到了那个年纪，你不再是女孩儿，而是一个年轻女人。你刚刚习惯了这一点，倏忽之间你就迈入了40岁的门槛。就像被游戏的转换开关所操纵，人过四十，人生模式真的变了。你成了真正的女人，细小的皱纹无处不在，慢慢加深。对于大多数女性来说，

40 多岁时拯救你的是，忙碌的生活，奔事业，养孩子，或者事业、孩子兼而顾之，你没有太多时间来分析自己身体或态度发生变化的原因和方式。

当你 50 多岁时，你开始意识到你的身体正在发生不可逆转的变化。通常，女性会经历更年期和潮热。但是，对我来说，当“我的那一部分”变得不同寻常时，我感觉更幸福。终于解脱了！没有更多的抽筋，没有更多的情绪波动，没有更多的怀孕恐惧——只是享受性的快乐！

接着你人过六旬

60 岁现在被称为新四十岁。精彩！有人将时钟倒拨。即使年届七旬，你也不必把自己想象得那么老。但当 70 岁逼近时，你明白这是一个高耸的门槛。不幸的是，没有人称它为新五十岁——它就是 70 岁，简单、明了。而且我看到很多朋友都在 70 岁的生命线上挣扎。他们不想要派对，他们不想要生日卡片，他们只想忘记这些。

我记得我母亲 70 岁生日的时候，我们正在西班牙的马贝拉度假，我们很高兴能在假期为她庆生，特别是她所爱的每一个人都能聚在她身边。

我早早起床想为她准备一顿特别的早餐，但是当我早上 7:30 从卧室出来时，她已经坐在露台上喝咖啡了。

“妈，您起早了。今天您过生日，该多睡会儿！”

我搂着她的肩膀亲吻她时，发现她在哭。

“您怎么哭了？”

“因为今天是我的生日。”

“那更没有理由哭了。”我说。

“不，今年过生日就想哭！”

“今年有什么不同吗？”我不明所以地问道。

“你真的不明白？我今天 70 岁了！”

不，我不明白。我怎么可能明白？我还远没有 70 岁。

“您别哭。我们会让今天成为快乐的一天。”我告诉她。

“不可能的。我现在 70 岁了。”她重复道，用手帕遮住眼睛。

她低落的情绪一整天都没有改变，甚至我们在沙滩上为她安排烛光晚餐，也没有让她振作起来。那天晚上我躺在床上困惑不解，猜想等到我 70 岁时，是否会有同样的感觉。

80 岁则是另一个不同的故事，一个更好的故事。你会为自己的年龄感到自豪，并且很高兴自己能够如此长寿。

当一个女人让我猜测她的年龄时，我知道她一定超过 80 岁了。在回答时，我会有意少说 5 岁。

“嗯。也许是 78 岁，或者最多 80 岁？”

“哦，不！我 86 岁啦！”她语气中带着自豪和满足。

“是吗？真没看出来。”

“是呀，我知道大多数人都不觉得我这么大年纪了。”她会说，脸上泛起灿烂的笑容，“上天愿意的话，我还要再多活几年。”

也许我应该实话实说，但我认为，如果我善意的谎言能够换来对方一丝快感，那也是值得的。

虽然你的脸庞因岁月的侵蚀布满了皱纹，但你也得到了奖赏，因为你仍然活着。

我记得曾看过奥普拉·温弗瑞对影星罗伯·劳的专访。他们谈论的是有关年龄的话题，他说：“这样说吧：当我们变老时，就好比路上有一个岔路口，我们可以选择向右转任自己老去，也可以选择向左转努力保持年轻。”

选择权在你手中：你会向右还是向左？我知道我要向左！

第二章

老年证之痛

“我能看一下你的身份证件吗？”这是一个22岁的孩子去俱乐部时会被问到的再寻常不过的问题。但是每次我去买葡萄酒，登记处的人问我要身份证件时，我总会问：“真的需要吗？”他点点头，于是我把驾照递给他。我被告知，审查买酒精饮料人的身份证件，是法律赋予的职责。或许这是法律规定，但我仍然感到困惑，怎么会有这样的公众意识？

我儿子告诉我，在酒吧和迪斯科舞厅这样的地方被要求出示身份证件，会让女顾客感觉更好。如果被询问的对象是40或50岁的人，这不失是一个好主意，但如果对方年龄更大呢？如果我不记得这是法律规定，我会觉得这个人在跟我开玩笑。

还没有准备好

多年来，我不断收到美国退休人员协会的来信，历数成为其会员的好处。每当我看到带有美国退休人员协会徽标的信封，我都不会打开，而是直接丢入废纸篓，心里想：还不到加入的时候！

但是时光流逝，游览伦敦白金汉宫那天，我被一位年约20岁的年轻人惊到了。他坐在售票处的玻璃窗后，并没有询问我的年龄，而是不假思索地问：“买一张老人票？”

我看了眼身后。他是在跟我说话吗？没错，是！我想知道，在英格兰老龄人的划分标准是不是低于美国？

我没有找到答案，但是当我买了半价——老人票，拿回沉甸甸的、优惠出来的40英镑，我边走边想：嗯，如果我必须把自己当成一个老年人，开始我的老年人之旅，还有什么地方比白金汉宫更好的？

为完结一桩地产交易，我和地产经纪人去一家律师所找律师，谈话间律师突然转向我，问道："您是位老年人，对吧？"

"什么？哦，是的，我是。"

魅力十足的年轻的房地产经纪人注意到我的犹豫，试图帮助我："但您穿着很得体！"

几年后，我又遇到了那位房地产经纪人。寒暄之后，他说："您保养得真好！"

那是恭维，还是他想再卖给我一处房子？

"买一张到萨米特的老年单程票。您要看我的证件吗？"

"不需要。"

简短而肯定的答复来自售票窗口后的那个女孩儿。我感到很失望。是我作为老年人的特征如此明显，还是她只是想偷懒？

还有一次，是她的一位同事在售票，态度比较和善："老人家，去萨米特的票，请您收好。"

在递给我车票之前，她靠近麦克风说："您保养得真好。"

我不是唯一震惊于世人不再视我们年轻的人。我还记得，皮埃尔，我重要的另一半，一天早上来到办公室，看上去很不开心。

“怎么了？”我问他。

“你能想象吗，一个年轻女孩竟然给我让座，我看上去有那么老吗？”

“不，你不老，”我信誓旦旦地说，“是你的白头发惹的祸。”

虽然他发量不少，但已经全白。

“真的吗？你这么认为？”他松了口气，问道。

我初遇皮埃尔时，他只有 43 岁，风华正茂，满头乌发。我们在伦敦的多切斯特酒店邂逅，但是他在告诉别人我们如何相识时总是不断地改变事实。

“我们是在一个派对上经人介绍认识的。”他解释道。他认为这比在酒店偶遇更显体面。当时我去见一位老友，却发现我的朋友并没有出现，我感到失望和愤怒。电梯下来的时候，停在九楼，皮埃尔走了进来。“下午好。您好吗？”

我根本没有搭理他。

就在我们快下到一楼时，他突然问我是否愿意和他一起喝茶。

我不知道接下来该做什么，而且心情也不好，就回答说：“为什么不呢？”我们是在多切斯特酒店大堂喝的茶，大堂恰好面向酒店的旋转门。坐在那里，我期待能看到约会的那个人进来。然而对方还是爽约了。于是在余下的午后时光里，我一直听皮埃尔絮絮不休。他说，他和妻子分开了，他是一家瑞士跨国公司派驻美国的董事长，住在芝加哥，但他经常需要去纽约与他们的广告公司会面。喝完下午茶，天色已晚，他问下次再来纽约，能不能给我打电话。

“为什么不呢？”我还是那句话。

几个星期后（我已经把他给忘了），他打来电话邀请我去剧院。我们看了《妈妈咪呀》，后来又去了雷吉纳（纽约公园大道上的一家迪斯科舞厅）

吃晚饭。这是一段长期幸福关系的开始，我们没有结婚……或者正是因为我们没有结婚？

但皮埃尔并不是唯一需要面对现实考验的人。同样的事情也发生在我的朋友凯伦身上。凯伦非常漂亮，一头黑发，看上去根本不像 66 岁的人。

“你能想象一个年轻人竟然给我让座吗？真的！这让我感觉自己太老了。”

“你还记得有段时间，礼貌与年龄无关，但与性别有关？”我暗示她，“谢天谢地，有些男性仍然很绅士，而你恰好遇到了一个。”

“你说得不错，”她端起一杯酒笑道，“我可能反应过度了。”

这些小暗示以许多不同的方式呈现。有一天，我的朋友杰基购物时，收银员在没有询问她年龄的情况下，直接给她提供了老年折扣。她接受了折扣，但在未经许可的情况下被贴上“老年人”的标签却让她高兴不起来。

“S”（老年人）标签萦绕在脑海

我花了很长时间才习惯被当作“老年人”。当我有资格申领老年人才能享有的优惠地铁卡时，我花了几个星期的时间交申请，又花了 10 天时间填写申请表。我有多么虚荣！

我终于在一个下雨的星期天填完了表格，并且在第二天上班的路上，拍了所需的照片——但我记得我是在去地铁站的路上才想起要拍照片的。我是有意经过照相馆的吗？谁知道潜意识是如何发挥作用的？

提交申请前，需要进行公证。公证人看了看表格，然后看着我。人照匹配，她满意地签了字。

离开银行时，我感到很沮丧，我试图安慰自己，因为自己以后每天都可以省下 3 美元的地铁交通费。但无济于事。毕竟，当一个人的自负受到挑战时，几美元又算什么呢？几个星期后，一封看似正式的信函到了，信封上有个大开窗，用粗体印着一行字："重要函件——见信即拆。"我想知道这可能是封什么信。信封里是一张卡片，就像信用卡一样，上面有我的照片、名字和用大写字母印的"老年人"字样，后面是一个巨大的 R，代表着折扣。"多少折扣"是我脑子里冒出的第一个念头。我看了一下票价折扣，欣然接受了这张地铁卡。

到了给卡充值的时候，我开心地和那个留着胡子、面相和善的工作人员打招呼，这么多年，我一直从他那里买地铁卡。这次我说"嗨"时，极力表现得很开心。我递给他卡和钱，然后等着充值。

"什么？您？"他盯着卡片问道。

我鼓足勇气，微笑着点点头。

"好吧，我可不这么想。"

说不出更动听的话了。不过，我一直都知道他是个好人。

我第一次尝试使用老年卡。在旋转门前递出卡片时，我故意用手把自己的照片挡得严严实实。

"把卡转过来，"验票口传来一个洪亮的声音，"否则无法正常使用。"隐私到此为止。

从那以后，我找到了避免作为一名老年人出行的办法，因为我不想被视为老年人。我又购买了一张普通地铁卡，如果我不想同行的人知道我是一名老年人，我就刷那张黄蓝色的普通卡，这样就没有人大声喊："把卡转过来！"

为什么呢？因为我和其他人是一样的，对吗？

哦，顺便说一句，我现在有一张美国退休人员协会会员的优惠卡！

第三章

你的杯子半满还是半空?

一天早上，我去取护照。办事员让我核对信息是否正确，查看护照有效期时，我发现新护照的有效期是10年。哇！10年，真够长的。瞬间，我闪过一个念头：这可能是我最后一本护照了。但我按下了想象的删除键，我要摆脱负面想法。使馆里弥漫着积极乐观的气氛，我决定也享受一下这种情绪。如果他们认为我需要办理长期护照，我又有什么必要提出质疑呢？面向积极的一面，会使你的自信心倍增。

按下“删除”键

您是否在头脑中为自己设置有消除消极想法的删除键?

你大脑中的删除键，和你计算机上的删除键一样有用。每当你按下这个键，它就会消除你不想要的东西。它帮你与不愉快的想法说再见。

这只是一个小技巧，可以帮助你保持乐观。

尽管乐观在生活的任何阶段都是一个优点，但当我们步入老龄时，乐观显得尤为重要。精神科医生已经证实，消除不良情绪，有助于你长寿，增强幸福感。

我们知道，前方的路程比我们走过的路程要短。因此，保持乐观将会使前方的路变得更加通畅，帮助我们避开可能绊倒我们的凹凸不平的路。

你的语汇中最重要的单词

我们不会因为年龄的增长而失去热情，但我们会因为失去热情而衰老。一个人可以是年龄的奴隶，也可以成为年龄的主人。《人们玩的游戏》一书的作者、精神病学家埃里克·伯恩就是这样说的：“一个健康的人会说‘是’‘不’和‘哎哟’，一个不健康的人则会说‘是的，但是……’‘不，但是……’，没有惊喜。”

因为我们今天所说的“哎哟”或者“哇”，是关键所在。你必须永远不丧失你的好奇心，你的惊喜能力，你的学习愿望，你渴望成为你周围发生事情的一部分，以及你有能力认识到什么值得“哇”！

认识到有些东西值得“哇”，会防止你变老。它会让你不再认为某些东西不适合你——因为它确实存在。通过电视、报纸、剧院，你可以及时了解时事。讲座和电影（仅举几例）让你了解你所生活的世界。

与时俱进保持年轻

不幸的是，没有人来敲你的门，把你拉出舒适的躺椅或沙发带你去看电影。不过看电影是一种与外界保持联系的愉悦的、轻松的方式。我说的是“轻松”，因为看电影是一项轻易就能独立完成的活动。

“什么，你一个人去看电影？”我的一些朋友问。

“是呀，为什么不呢？至少我们不用交头接耳，不是吗？”

这可能有助于我成为一名电影爱好者，话虽如此，我去看电影，也是想了解世界上正在发生的事情。电影总会反映我们生活的时代。即使某部电影我看起来兴味索然，但我觉得也有必要找出它受欢迎的原因，不然它怎么会在上映第一周，票房就超过 10 万美元。

即使我不喜欢这部电影，但我只要看过它，至少我知道来龙去脉。

“难以抗拒！”——纽约

“哦！他们似乎很喜欢！”

我在孙子雷米和孙女珂赛特出生之前，看儿童电影从未成为我计划中的一部分。他们长大一些，带他们看电影就成了我们的事。即使我对电影《巴布工程师》没有什么期待，我也很高兴能和他们共度时光，不过情况很快就发生了改变。

孩子们愉快地坐在座位上，吃着椒盐脆饼，这是良好的开端。播放预告片时，他们会正竖或倒竖起小小的拇指。被竖起最多拇指的电影，必定是我们要看的下一部。

不，是《马达加斯加的企鹅》不是《国王的演讲》。不过，观看《冰雪奇缘》后，我感谢孩子们带我去看这部电影。我说孩子们带我去，是因为我从未想到我会去看。我看了三遍，后来又买了原著。我只想说，如果不亲临其境，你永远不知道“哇”来自哪里，你可能会错失它。

你曾经造访纽约州北部的一个小镇，在那里我临时起意，逛了一个旧货市场，这是又一个“哇”时刻。

我们正兴致勃勃地淘着宝贝，一个蓄须、壮实、30 岁上下的年轻小伙子冲我说：“今天天气不错，是吧？”

“我们很幸运，今天不像昨天那样下雨。”我欣然同意。

我们都继续忙自己的事。几分钟后，他又站在我旁边，低声说道：“知道吗，您算是赚到了。”

“赚到了什么？”这是我的第一反应，但后来我觉得他的评价意味着恭维。

“谢谢您，”我回答道，“您让我今天一整天都感觉很好。”

看到我略感意外的神情，他眨了眨眼。走开的时候，他又恭维道：“您真的赚到了！”

哇。

我的幸福收藏

获得赞美，我总是很开心，不仅仅是出于虚荣心——虽然的确也有一些这样的成分——但真正的原因，是我可以将获得的赞美添加到我很久以前就已经开始的幸福收藏中。

记得有一年，我的朋友温迪约我喝酒庆生。当我们和年轻的上班族混坐在酒吧里，我说："真想知道，在未来的晦暗日子里，我得到的恭维是不是能帮到我。"

"你在说什么？"她问。

"这是我一生中大部分时间都在跟自己玩的小游戏。你想听听吗？"

"当然，"温迪笑道，"这一定是你另一个有趣的想法。"

"从很小的时候我就开始玩这个游戏了。每当有人对我的外表或我所做的事情表示赞赏时，我都会把这些话小心地放在我的记忆收藏袋中，记挂在我的心上。我相信，恭维是一种值得感谢和珍惜的礼物。有一天，当没有人再恭维我的时候，我仍然会有一些东西可以回忆。"

"那又怎么样？"温迪问道，尽量控制着不笑出来。

"好吧，当葡萄酒和玫瑰花的日子结束，没有人再注意我的时候，我会打开我的记忆收藏袋，向自己证明，我曾经拥有美好的生活，我应该振作起来。"

"你确定你的记忆收藏已经足够丰厚，足以支撑到你生命结束吗？"温迪问道，开始享用她的第三杯葡萄酒。

"不，还有足够的空间。这就是我还没准备好变老的原因！"

她的玻璃杯和我的碰得叮当作响，她说："我们为什么不为此干一杯呢？干杯！"

期　待

有一年暑期，我们一家在法国南部租了一幢别墅的二楼度暑假，一楼是另外出租的。有一天，房东吉拉德先生告诉我们，他把一楼租给了一位为人很好的比利时女士，她一周内就搬过来。

等这位女士安顿下来，我就去问候她。吉拉德先生没有提到她的年纪，只告诉我们她单身。因此，我看到她的时候，有点诧异。当她告诉我她已经85岁高龄并且刚签了五年租约时，我更是惊讶不已。

“我想在这里度过夏天。我讨厌寒冷，我只喜欢法国。”

我想告诉她我是多么钦佩她这样积极生活的勇气——但我怎么能这样？我怎么能怀疑她可能不会在法国的阳光下度过接下来的五个夏天？一个半小时后，我告辞的时候，心里只想着，等我85岁的时候，或许我也能在法国南部和某一家人为邻！

但即使我活不过85岁，在有限的日子里我也要积极生活，让生命充满更多的快乐、更多的活力，满怀希望去做所有我仍然想做的事情。

没有希望，生活会怎样？

第四章

性超越年龄

海伦·格利·布朗担任《都会》杂志的编辑已经有 32 年。她利用杂志版面来帮助女性找到自我并实现梦想。她一直强调性对于我们的幸福有多么重要。用她自己的话说，“性是美好的。如果你没有性爱，那真是太可惜了！吃饭、呼吸和性是生活中最美好的三件事情”。

即使在晚年，她也从未改变对性的看法。90 岁时，她仍然觉得性应该永远是生活的一部分。我非常赞同她的观点。分享我寻找性福的经验和遇到的挑战，可能会鼓励你不要在有人盯着你看的时候扭头回避。不，不是太晚了，性爱永远不会晚。爱情和性爱之花甚至可以在生命的晚期绽放。

皮埃尔去世后，除了想要他回来，我只有一个愿望，我祈祷：“亲爱的上天，请让我在有生之年再次坠入爱河吧。”上天听到了我的话，我一直感谢上天让我再次感到完美。但爱情并没有即刻到来。

在我平复心境之前，我在接下来的两年里始终苦苦挣扎，甚至不考虑约会。我独自度过了一段艰难岁月。突然之间，没有电话，没有鲜花，没有笑话，也没有爱——只有孤独。我生活在真空中，感觉空落落的。

我开始环顾四周，我目之所及都是我不喜欢或不想要的东西。我所看到的都是老男人。是的，皮埃尔去世时也是老男人，但他是我的老男人。我们一起度过了许多年的时光。他就像我穿了很久的一双旧鞋，很舒适。

时光流逝，我不知道该如何度日。我的一些朋友建议我尝试征婚网站，一个互联网婚介服务平台，我进行了尝试。在回答了网站列出的一半问题后，我感到困惑，停了下来。谁想要我？我读到的所有简历都是完美男性的，不吸烟、不畏缩、留恋夕阳、喜欢古典音乐，他们寻找完美的伴侣。我属于“跨越拥挤的房间”一代，他们不适合我。

然后，我的朋友泰米建议我查看《纽约时报》周日版的个人广告（当时还有个人版面）。我没有《纽约时报》周日版，但我邻居有。所以星期天早上，我偷偷溜出门，取走了邻居订阅的《纽约时报》的广告页。他不看广告。他是一个三十来岁帅气的年轻人，有女朋友（有时我看到她早上离开他的住所）。

读着那些征婚广告，我再次想知道为什么这些完美、健康、富有个性、热爱音乐以及在世界各地旅行的男人必须通过征婚广告来寻找另一半。我至少花了十周时间才读完这些广告，我鼓起勇气开始打电话。我决定先把电话打给其中的两个人。

获悉联系方式的费用是 2.99 美元，之后每分钟 2.99 美元。一个很长的账单告诉我按下这个或那个按钮也算钱，打完这两个电话我的账单是 47 美元。我按下正确的按钮，发布广告的人让我留下姓名和号码，他答应回电，但没有人回我的电话。

所以我只能去看更多的广告，我再次想碰碰运气。这次终于有两名男子回了电话。

第一个听起来非常不错，我很高兴接到他的来电。

“您有多高？”他在谈话结束时问。

哦，我想他肯定个子不高。

“五英尺九英寸。”我回答。

沉默。

“我五英尺四英寸。这是问题吗？”他问。

我深吸了一口气：“是的，我想是的。”

我很高兴他如此诚实，我们没有浪费彼此的时间。

下一个来电者是名自由摄影师，离异，无子，他大多数周末时间都在拍照。他问道："您想在哪里见面？"

我选了办公室附近的一间酒吧。

"哦，我不喝酒！周五下午 4 点在星巴克怎么样？"

我同意了，临挂电话前他说："我戴眼镜，灰白头发，留着灰色的胡须，穿着灰色的衬衫。"

我还没有来得及说出我不喜欢灰色，他就挂断了电话。

星期五下午 4 点，我坐在星巴克靠窗的长椅上，看着他为我点的黑咖啡。不，他没有问我喜欢什么咖啡。虽然他告诉我他整个周末都在拍照，并且希望有一位同伴帮他提包，但我一心只想找个借口溜掉。

"我很抱歉，但我必须赶上 4 点 45 分去新泽西的火车。"我终于说道。他似乎很乐意我去赶火车，而我很高兴我能逃走。

之后我消停了一段时间，直到一位同事为我安排与一个名叫亨氏的德国人相亲。

"我们星期五中午在'星期五餐厅'见，怎么样？"他问，"您知道位置吗？"

"我应该知道。"我说。

"好，如果不知道也没有关系，"他说，"人不可能知道所有地方。"然后他告诉我到那儿该怎么走。

"您是德国人，对吗？"他问。

我的口音一定出卖了我："是。"

"我也是。"

我心中暗喜，并感到来自世界同一角落可能是一个加分项。"好吧，那我们周三见！""周二再确认一下时间可能更好。"他回答道。

“很好，那周二定。”

星期二来了，也快过去了，他当晚 8 点左右打来了电话……

“我在看天气预报，明天可能会下雪或有冻雨。如果是这样，我们可能要推迟约会。”

良好的开端：如果有点小雪或下雨都会阻止我们约会，这个人该有多么敏感？但我同意并建议我们第二天早上 10 点左右看看那时的天气再定。

上午 10 点，电话响了。

“好吧，我们再次幸运。”他说。

我们以前什么时候幸运过？我想知道。于是我回答：“是的，我们是挺幸运的。那咱们中午见。”

“我会穿黑色皮夹克在酒吧里等您，您会认出我的。”

“好吧，我身材高挑，一头金发。”

“这对我可能没有帮助。”

“为什么？”我问。

“您可能戴帽子，那我怎么看得到您的头发是金色的呢？”

“我从不戴帽子。”

“哦！”

随后我说了声：“再见。”挂了电话，我心里一直在打鼓，不知道和这个人约会算不算个馊主意，但如果你不尝试……

离开家时，正下着倾盆大雨，但我还是勇敢地开车赴约。开车的时候，我试着想象亨氏的样子：皮夹克……嗯……也许他是一个运动达人，一身休闲打扮……不闷。然后，一个奇怪的形象闪过我的脑海，我不禁大笑。我看到一个缺了一颗门牙的男人。

我来得太早，提前 25 分钟到达了“星期五餐厅”所在的购物中心。即使我试着迟到，我也总是提前到。但那天我不想先他出现，所以留在车里看报纸直到正午。雨仍然没有停歇。12 点零 5 分，我撑着伞走进了酒吧。

确实有一个男人穿着黑色皮夹克坐在酒吧面向大门的位置。

看到我，他忙站起身。

“您好,您一定是布瑞杰蒂吧？”他笑着迎接我,露出了牙齿间的洞洞——他缺牙!

“嗨。”我结结巴巴地说，想起开车时脑海中闪过的形象。

“现在我可以脱掉夹克了。”他愉快地说。说着，他脱掉夹克，露出一件看起来有些年头的皱巴巴的卡其布衬衫。

“您想喝点什么？”

“来杯白葡萄酒吧。”我回答。

我喝酒时，他先用德语，然后用英语介绍起他自已。

“我离异，现在单身。往事不堪，我真不愿提起这些事。”

我也不想听这些事。我继续听他讲别的事情，我想搞清楚自己和这个陌生男人到底在这里做什么。他的头发很短，卷曲，花白，而且杂乱无章。他戴着无框眼镜，他的皮肤需要饱经几多沧桑才会弄成如今的模样!

突然间，我无法抹去皮埃尔的形象。除了去海滩，他从来都是西装革履、打领带。他精心打理他那头微微卷曲的灰白头发，除了清晨，我从未见过他胡子拉碴的样子。他轻松、自信地穿着精心剪裁的衣服——同样轻松、自信地做着他生活中的一切，从不忘记生活得好是优先考虑的事情。

亨氏的声音让我回归现实。“我只吃开胃菜。”他说。

我把这话当作对我的暗示，不要点任何超过 9.95 美元的东西。

我的沙拉到了。

“分量很大。”我看着面前的盘子，评论道。

“您可以打包回家，”他说，“明天又顶一顿饭。”

我没有回答。只是想，第二天沙拉怎么可能变得美味。

“您舞跳得好吗？”他突然问道。

跳舞问题和我们在舞池中共舞的想象让我害怕。“不，我跳得不好。”

“怎么会呢？”

“我母亲认为舞蹈不是必修课。她觉得，一个人可以跳舞，也可以不跳舞。我母亲说，节奏是一个人与生俱来的，所以舞我从来都跳不好。”

沉默片刻后，他说：“好吧，没关系——我可以带您跳。”

我的心沉了下来，我能想到的只是，请不要带我跳舞，不要在舞池或其他任何地方带我。

大约一个半小时过去了，在询问我是否再来点其他饮料后，我以还要开车为由拒绝了，亨氏要求买单。当女服务员把账单放在桌上时，我拿出钱包，犹豫地问：“我该付多少钱？”

他仔细看了看黄色账单，然后说：“包括小费，一共十五美元。”

女服务员过来收走了钱。

“我想再次见到您，练习我的德语，”他急忙纠正他的失礼，“当然，您知道这不是原因……我真的很喜欢您。”

在享受皮埃尔这么多年的慷慨之后，我简直不敢相信这个男人——他竟然说他想再次见到我，却不愿为我花十五美元。

“我送您到车上吧。”

我对他报以微笑。我驾车离开前我们握手道别。回到家，我就收到他的一封电子邮件，询问是否可以尽快与我联系，并提出我们共度更多时光的建议。

我试着让他放松下来，我告诉他现在为时尚早，我还没准备好和任何人共度时光。

我的下一次经历要好得多，但也无果而终。布莱恩和我是在参加纽约贸易展的时候相识的。我们分别之前交换了名片。几天后，他打电话问我是否愿意陪他一起喝酒。我犹豫了，他比我年轻 22 岁，但他的“坏男孩”形象吸引了我，我认为这是一次令人兴奋的新冒险。我们约定在新泽西州的一家餐馆见面，他就住在附近。我到的时候他已经等在那里了。

“您怎么会喜欢鸡尾酒？”我不喜欢鸡尾酒，但喜欢听他谈鸡尾酒，我们喝鸡尾酒的时候，他所有的注意力都集中在我身上。

“吃点东西怎么样？”他喝完第二杯后问道。

女服务员给我们安排了一张靠窗的两人桌。那天，渐弱的光线让靠近窗户的小花儿看起来像快乐的小脸，对着我微笑，就像布莱恩的眼睛一样。他想了解我的生活，也把他的生活讲给我听。

“我喜欢您的着装方式，”他说，“您脖子上戴的是什么？”

我项链上来回摆动的可爱小金熊背后的故事触动了他，他滔滔不绝地讲起自己的狩猎冒险。

虽然他有“坏男孩”的气场，但他相貌普通，和我一般高，发际线后退，步履蹒跚，举止邋遢。这一切都不重要，因为多年来我第一次感到活力。当时我很开心。

几小时后，泊车员开来了我的车，布莱恩吻了我的脸，握着我的手，说：“您想再喝一杯吗？我住得不远。”

在上天回应我的祈祷前，又过去了两年。

透过玫瑰色眼镜看世界

在吞下另一串烤肉后，哈桑突然问我：“你知道性超越年龄吗？”

我低头局促地看着我的盘子。他真的只是这么说说吗？这些年来我没有听到过比这更美妙的话语了。他的话妙不可言，如音绕梁，特别是在我被他吸引之后。

我们一起旅行了两个星期。他是个有担当的人，我非常开心，快乐无比。在我们的旅途中，性爱悄然发生了。

我总是爱上有权威的人，负责任的人，究其原因可以追溯到我的孩提时代。那时正值第二次世界大战，当时我在没有父亲陪伴的情况下长大。父亲从未出现在我的生活中。直到今天，我听到有人说“我的父亲”时，仍会感到虚空，我回想起，我挑选、选择男人时，他们总是感受到我的渴望——我需要找到父亲的影子。

快乐持续的时间比我希望的要长。虽然我们对彼此的吸引力与日俱增，但却没有机会在一起。我们生活在不同的世界，彼此在相隔遥远的国家。

也许我应该有这样的智慧，知道什么时候该放手。但我没有，我很高兴我没有，因为五年后的今天，我们仍然保持着联系。每年，我们设法从生活中偷走一些快乐的时光，那些快乐的时光将我们带到了来年。

我们有很多快乐的时光，比如我们去红海的那一次，我们直接用手拿着鱼吃。

“您介意用手拿东西吃吗？”哈桑一边问，一边津津有味地吃着第一条“遇难”的鱼。

“不，不……不介意。”我言不由衷。但我很快发现自己说错了话。我好不容易才把第一条鱼分开。不过吃到最后，我真的喜欢上了“徒手吃鱼吮指”法。这让我觉得更本地化，心里和哈桑也更亲近了。

哈桑长着一双棕色的眼睛，热情而犀利，他强大的自信弥补了他身材矮小、头发稀疏造成的劣势。

有一次，他到开罗机场接我，我夸赞他穿的圆点印花衬衫，他告诉我：“您不知道，为了来接您，我换了多少件衣服。我觉得自己就像少年人第一次参加舞会那么紧张。”

少年，跳舞，多么美妙！这让我像个十几岁的孩子一样傻笑！

有一次，我们一边和着收音机里的音乐欢唱，一边开车走纽约州高速公路去伍德伯瑞奥特莱斯购物。还有一次我坐在酒店大堂内，焦急地看着酒店出入的大门，心跳得好快，只期待着他的出现。

是的，这些都是琐事，我知道，但是当你戴上玫瑰色眼镜时，一切都是粉红色的。

“这是我奶奶和她的情人。”

一个漆黑的夜晚我们开车返回开罗。（埃及的乡村公路上没有路灯）哈桑握着我的手，说："爱总是让人心痛。"

我没有回答，他继续说："您有没有注意到大多数情歌都很悲伤？这是为什么？"

我不知道。我不想知道，因为在那一刻我的世界是完美的。

我的礼品盒

爱，也许总会伤人，因为爱给你的生活带来了高光，只是那些高光——就像太阳在某些日子会用金色的光芒湮没你的世界，但到了晚上就会消失。

哦，我知道或许有一天哈桑不再穿圆点印花衬衫，我也不会再去那个机场——那将是我把珍贵的记忆封存进礼品盒的那一天。我称它为礼品盒，因为我把生命中迟到的关爱永远都当作一份特殊的礼物——我将为盒子系上丝带，让记忆永不褪色。也许很长一段时间内，我不再需要这个盒子。

你也有礼品盒在那儿等着你吗？

正如你所看到的，在遇到某个人之前，你可能会走一些弯路，经历一些起伏。或许我会听你说：我不想寻找任何人，我一个人挺好。我确定你说的是真的，但分享、感动和两人世界比独自一人吃饭更美好！

我最近在电视上看到了一则访谈，六位住在佛罗里达州"退休人员之家"的老人被问及他们的性生活。是的，他们每个人都有一个性伙伴。一位 86 岁的男子告诉采访者，他的性生活从未像现在这样美满。

一位70多岁的老太太说：“我从未像现在这样享受性生活。”

众所周知，退休社区有很多这样的事情。在2015年6月的美国退休人员协会公告中，鲍拉·斯潘塞·斯科特撰写的一篇题为《养老院中的性生活》的文章，阐述了性对住在养老院的老人的重要性，以及养老院设施需要面对的新挑战。

退休老人并不像人们所想象的那样退出生活、“休养生息”，参与生活对那些老人是有所裨益的！

我母亲在巴斯金·里奇的日升养老院度过了她生命中的最后18个月。有一天，我们在养老院餐厅里一起吃午饭，她突然指着一对和我们隔开几张桌子的夫妇说：“看看那边的两个人。我知道他们正在桌子下面调情。我想知道他们还干了什么。”

母亲看起来并不高兴，也许有点嫉妒。另一次探访时，我看到她上次指的那个男士走进了那位女士的房间，我没有告诉母亲。

我的朋友爱丽丝·奥康纳刚满100岁，她出生在瑞士。定居美国后，她在纽约罗斯福医院担任私人护士。伊朗国王穆罕默德·雷扎·巴列维在纽约治病时，她护理过他。她非常自豪地向我展示了国王寄给她的信，信中他对她的照料和善待致以谢意。

退休后，她开始画画、写诗，并在团结中心做兼职，在那里她遇到了安·特蕾莎和贾斯汀。现在她住在纽约的疗养院。因为她所有的亲戚都在瑞士，安·特蕾莎、安的男朋友贾斯汀和我都成了她的家人。我们去看望她时，很遗憾，她经常认不出安·特蕾莎和我。但她看到贾斯汀时，总是精神为之一振，笑着招呼道：“哦，是你！”

那一刻，安·特蕾莎和我仿佛不存在。

当我们明白，只要生命不息，我们的“那个”就会永在时，我们会为之感到宽慰。

你的年龄无关紧要，你伴侣的年龄也不重要。因此，当机会来敲门时，不要关上门。请记住，性超越年龄。

第五章

记忆的持久性

记忆是持久的，它们就像你的嗜好，有些让你哭泣，有些让你开怀，另一些则带给你幸福和快乐的时光。它们打开了你可能久已尘封的门扉，让你能够及时回返、重温一段快乐的时光或往事，或者带你回到你曾经享有快乐时光的地方。

几个星期前，我突然觉得该去看看父亲的墓地。但我没做到：他埋在德国一个叫克罗纳赫的小镇。我小时候在那里度过暑假，我和里斯尔婶婶、弗里茨叔叔住在一起。他们经营一家美发馆。假期里我不喜欢在花园玩耍，更愿意待在美发馆，看弗里茨叔叔为美完发的女顾客喷香水，极力夸赞她们。

他是个矮小而敦厚的男人，大肚腩，秃头。但透过厚厚的镜片，一双碧蓝的眼睛里总是闪烁着笑意，我发现他其实非常英俊。有时当我的婶婶里斯尔认为他对顾客的赞美过了头，她会说："弗里茨，别说了。如果你说得太过，她们就不会再相信你。"

美容院分为两个部分：一部分女士专用，另一部分男士专用。中间用一道墙隔开，通过一扇门连接。因为男客通常比女客少，克劳斯是唯一的理发师。我也喜欢看他为男士理发。我注意到，经常在顾客付款前，克劳斯会打开放剪刀和梳子的抽屉旁的另一个抽屉，把一个小信封递给男客。我问那是什么东西，克劳斯三言两语就打发了我：“这不是小女孩该知道的。”

他一定在糊弄我。这越发激起我的好奇心，想一探究竟。有一天趁着店里没有客人，克劳斯去吃午饭，我走到抽屉边，看到了那些小信封。令我诧异的是，其中一个信封敞开了口。我看看里面，也没有什么大不了的——但我还不甘心，就把白色橡胶套从信封里拿了出来。

我很好奇，这究竟是什么玩意儿。我用手指把它撑开，它几乎套住了我整个手指。我忘了克劳斯说的“这不是小女孩该知道的”的话，马上跑去找我叔叔。

“弗里茨叔叔，这是什么？”我问。

他没有回答，而是严厉命令我立即把它放回去，再也不准打开那个抽屉。

我照他说的做了，直到我成为一个“大女孩”才明白它是什么。

在那个特殊的日子里，我对父亲的思念为我找回了我的婶婶和叔叔，把我带回了那个曾让我很开心的地方。

你需要你的记忆，这样你才能知道你是谁，以及你从哪里来。不，并非所有的记忆都是快乐的，但如果你找到一种忘却痛苦的方法，即使是记忆，也可以教会你一些东西。记忆会向你展示你生活中不同时刻的重要性，它们可以让你的未来更加光明。

母亲去世前，她给我写了这封信（她的英语一直很蹩脚，但我能读懂她要表达的意思）：

2004 年圣诞节

亲爱的布瑞杰蒂，

我亲爱的小莫切莱恩，

又到了圣诞节，我们一起生活有多久了？

每年的这个时候，我都会想起那些已经离开我们的亲人——瓦蒂、欧玛、古恩特尔，还有其他许多人。这是一次怀旧之旅。

我想到了圣诞节。曾几何时我们什么都买不起，但我们努力去欢庆节日。因为我们几乎每个人都有一个需要关爱的家人，对他们的挂念总是伴随着我们。既然如此，我们又需要什么物质的东西呢？

我尽心尽力抚养你，既做父亲又当母亲，那时候我还是一个缺乏经验的年轻女人。但是，有你陪伴，我们过得很好。作为我的小伴侣，你已经长大了，你勇敢地站在我身边。可以说，我们一起尝尽了生活的酸甜苦辣。

现在你已经长大成人，很多东西都变了——时间、人和物都变了。但对我来说，这些记忆就像是宝石，照亮了我身后的路。

记忆是天堂，每个人都不能被排除在外。就我而言，我的漫长生命旅程即将结束，我知道我没必要担心你。当你遇到问题时，即便没有我，你也总能找到正确的解决方法。我的爱仍在，并将永远伴随你。

因此，今天我们将停止回忆过去，开始展望未来。

感谢你，亲爱的女儿，你一直都在给予我温柔的关怀和爱。愿上天保佑，给你一个健康长寿的生活。衷心祝福你。

永远爱你的，

玛蒂

是的，捧着母亲的来信，我留下了激动的泪水。她的来信也让我回忆起我们共同生活的点滴——精彩的时刻和痛苦的往事。

二战将我的母亲从年轻、单纯的女孩变成了独立、自信的女人，多年来，她既是我的母亲也是我的父亲。后来发生了一场变故，我父亲布鲁诺，当兵六年，在法国战俘营待了四年，回家后处境艰难，不久便去世了。母亲决定迁居澳大利亚，在那里她希望我们能够开始新的生活。

语言不通，手头拮据，举目无亲，我们在澳大利亚最初的日子是艰难的。然而，凭着母亲坚定的信念，我们最终安顿下来。

她遇到亚美尼亚会计师凯撒的那一天，她的守护天使一定就在她身边。

凯撒是个矮胖男人。她有时会说："看看他：短腿、大肚、秃头。我怎么可能爱上他？"

但她无可救药地坠入了爱河，他们彼此爱得难舍难分。我为她高兴，并且明白这场爱情与其说是她深深吸引了凯撒，莫若说是凯撒让她的生命重新完整，在我父亲去世后的十年中，母亲的生命一直是残缺的。

我未来的丈夫雅克走进我母亲经营的熟食店的那一刻，我是那么的快乐。他几周前刚从巴黎来，和澳大利亚男孩截然不同，他似乎来自另一个星球。他穿着最新的法国时装，讲英语时带着迷人的口音。这一切宛如发生在昨日。母亲叫我进店（我们住在二楼）帮她招呼客人。我走进去的时候，雅克是那里唯一的顾客。尽管我当时穿着一条旧得不能再旧的裤子和一件破旧的毛衫，雅克每晚都来消费。他成了我们最好的顾客，我的男朋友，两年后，成了我的丈夫。

不幸的是，生活中我们经常不懂得欣赏和珍惜我们正在拥有或曾经拥有的东西。但是你的生活阅历会引导你更加懂得欣赏，让你以不同的方式做事。它可以防止你再犯过去的错误，比如过度专注于你的工作，而不是花更多时间与你的爱人或家人在一起。

我的老朋友简，在她父亲弥留之际，问老人此生有何遗憾。她的父亲，用微弱的声音回答说："我希望我能多坐坐出租车。"

我倒是经常坐出租车，不过我所做的重大改变是少购物。我不需要更多的东西，我需要为我、我的朋友和家人留下更多的回忆。他们所需要的，也只是对我的回忆。

礼物，在你送给他们的那一刻，或许会受到赞赏，但很快就被遗忘。圣诞节刚过了几个月，我问我孙子："还记得圣诞节得到的礼物吗，雷米？"他惊讶地看着我，仿佛在问：我应该记得吗？当他看到我还在等待他回答时，只好说："不记得啦。我记得有一些乐高积木，可我不记得是谁送的了。"

这里没有留下记忆，没有特殊的时刻。然而邀请家人到特色餐厅，或者购买剧票，购买你的家人平时不大会看的节目票，或者参加一次家庭游戏或与朋友一起旅行，都是你和家人、朋友永生难忘的时刻。即使你不在了，它们也将作为珍贵的礼物被长久铭记。

第六章

锻炼：保持年轻和健康的快捷方式

我一生都讨厌锻炼身体，现在依然没有改变。谁发明了运动？当上帝将亚当和夏娃赶出伊甸园时，他可能是把锻炼当作一种惩罚。特别是随着年事越来越高，还有什么其他理由，让你不得不把自己的身体抻拉伸展到奇特怪异的模样？

的确有一个理由，这就是锻炼。锻炼真的是一种恩赐！它是为了让你坚持活动和行走，避免你的骨骼、关节和大脑生锈。它可以防止你有一天不得不依赖拐杖，或者更糟的是要依赖轮椅。

不幸的是，我的家人中，就有一个令人伤心的例子。彼得现在已经离不开轮椅，因为他的双腿无法站立。这本来可以避免，但他并不认为运动和保持活力适用于他。即使在心脏病发作后，他也没有遵医嘱每天走路。医生给他制订了理疗方案，但他错过了大部分理疗。现在，他在一家康复中心，治疗师每天都要求他锻炼，使他的双腿强健有力。我们爱彼得，我们竭尽所能帮助他，但我们中的一些人会大声说："所有这一切都是因为他从不运动。"但无论说什么，都为时已晚：彼得很可能余生都需要在轮椅上度过。

运动或丧失健康

正如我说过的，我不喜欢运动，但彼得的经历让我更清楚地认识到，运动是生活必不可少的一部分。幸运的是，有许多方法可以让你运动，保持活力。

你可以选择一种你感觉舒适并享受的活动，因为如果不这样做，你将难以为继。

不，健身房和跑步机不是唯一的方式，走路也是很好的选择。它会保持你的关节柔韧，甚至可以让你的心脏也获得锻炼。

我的邻居凯西是位画家，她一般是从运河街上的李氏艺术品店购买画纸和画笔。到了该买纸、笔的时候，她从住处——在七十街和百老汇的交叉口附近，走到运河街，然后再步行回去，来回大约五英里。要知道，她已经是82岁高龄的老人。

我想运动的时候，会选择跳舞。我会播放节奏感强的欢快音乐，在我的起居室里跳大约15分钟，就足以让我的心脏得到锻炼。除感觉有活力外，我会感到心情愉快。如果开始时你感觉有点别扭，我理解——当初我也是。我觉得一个人在房间里跳舞是有点犯傻！但是随后充满生机和快乐的感觉，很快就会让你忘记第一次的尴尬。如果你不想独自跳舞，可以像玛丽安娜一样，她在63岁时开始上探戈课。探戈让她动起来，把她推出了她的安逸窝，重新回到了生活中！

尊巴舞时下非常流行，它被誉为“有趣的锻炼”。尊巴舞广受欢迎，人们可以在上午上班前做。我的意思是，跳舞是一种优雅的锻炼方式。不，你不需要参加尊巴舞课程或去舞厅，也不需要舞伴；你可以在家里跳，一个人跳。

健身的内疚

即使年轻的时候，我也从未加入任何健身俱乐部，因为我知道我花的这种钱总会打水漂。为什么？我了解自己，我会为自己找到很多不去健身的借口：

我今晚太累了。

我明天会去。

而明天到来的时候：

哦，我今天不能去！

我要见安吉拉。

今天真的太热了。

我想知道空调工作是否正常?

借口，借口，但它们都足以让我远离健身俱乐部。

但是有些时候我会因为没有去健身而内疚，比如我外出旅行入住酒店时，前台接待说：“我们的健身房在二楼，早上6点到晚上10点开放。”

设施很好，但我是来度假不是来锻炼的。我知道，告知我是她的责任，但我很快就将之抛于脑后。

但当我一早去吃早餐时，在电梯里会碰到几个准备去健身房跑步锻炼的人，我不禁感到有点内疚，因为我没有把自己的健康看得比吃餐厅里的鸡蛋和培根更重要。

所以除了跳舞，我该怎么做才能保持健康？上次体检时，医生问我：“您平时运动吗？”

我犹豫要不要告诉他我在做什么运动，因为我害怕他会说我的运动不算数，或者说运动量不够，再或者说，那不是正确的运动方式。我犹豫着说：“谈不上什么运动，爬十二层楼梯算是运动吗？”

“加油，”他说，“这对您的心血管系统非常有益，它会降低您的胆固醇。要坚持下去。”

我不得不承认，我没有一口气爬完那十二层楼梯，我至少停下两次喘喘气，但当我到达十二楼并打开通往走廊的门时，我为自己感到骄傲。

你可能住在四楼，但要每天尝试爬楼梯，因为每上一级都有裨益!

用你的姿态愚弄他们

一个好的姿态可能让人保持年轻。皮埃尔的妹妹艾斯塔每天都坚持遛狗，一直到她78岁高龄。每次看到她，我都希望我78岁时，也可以像她一样年轻。

她身材高挑、修长，腿形很漂亮，仪态端庄。她总是挺胸昂首，单看她的背影，很难看出她的年龄。

一天遛完她的小狗普什回来，她说："刚才的事儿可真逗，我沿着斯普林街走的时候，听到后面有人吹口哨。你知道，就像是建筑工人向过路的女孩吹口哨。起初，我不认为这是冲着我来的，但当那个骑自行车的年轻人从我身边经过，并且满怀期待地看了我一眼时，我什么都明白了。可怜的家伙！他真的很震惊，就像一个建筑从后面看是阅览室而从前面看却是博物馆一般。"

永远记住：你活动的方式和你自己的态度会影响到别人对你年龄的判断。这不仅适用于老年人；任何耷肩、低头、走路抬不起脚的人，看起来都很显老——所以挺直腰板，昂首挺胸，可能还会让你身旁有口哨声响起！

不要让轮椅成为你的朋友

有一天，我们飞抵佛罗里达州的西棕榈滩机场。我们在机场出口看到至少有 20 辆轮椅排成一排，每辆轮椅都配有一名服务员，等待不能走路或不想走路的乘客。我们在拉瓜迪亚机场登机时，我不记得看到过轮椅，我问皮埃尔："这些需要轮椅的人都是从哪儿冒出来的？我们登机的时候没看到有谁坐着轮椅。"

他没有直接回答我，只是说："在需要它们的人出现之前，我们还是快点离开这儿。"

看到有人坐轮椅，皮埃尔会感到非常不舒服。我记得我们在瑞士伯尔尼一家酒店大堂等朋友的时候，突然，三个电梯门打开了，好几辆轮椅鱼贯而出。看着他们过去，皮埃尔说："这是什么？轮椅大会？"

我开始大笑，笑了好久，笑得不能自已。不，我不是嘲笑坐轮椅的人，而是在笑皮埃尔的表情。他看起来像是撞到了鬼；他害怕，也许有一天会成为其中的一员。我不知道，但我从未忘记他当时的反应，即使今天我看到轮椅，仍然忍不住暗自发笑。

曾几何时我的母亲发现了轮椅的舒适。不，她不需要轮椅，但她喜欢坐在轮椅上享受关注。我们计划去佛罗里达旅行时，她说："一定要给我搞到一辆轮椅。"

"轮椅？为什么？您不需要。"

"你怎么知道？你们一定要给我搞一辆。"

我给她预订了一辆。到达西棕榈滩机场那天，机场特别忙乱。一个强壮的大个子推着轮椅出现了。

等母亲坐下后，大个子把母亲固定在轮椅里，说："请在这里等一会儿。"

我们等了大约十分钟，他才回来。那一刻我的母亲变得越来越不耐烦。他回来时，右手推着另一辆轮椅，里面坐着另一个妇人。他用左手推着我母亲的轮椅。当两辆轮椅车都动起来时，母亲感到愤怒。

"你怎么能同时推我们两个人？那不成。"

"放心，女士，我们很快就能到出租车停靠点了。"

她真的已经不在乎是不是去出租车站，她享受坐着轮椅被推出机场的乐趣荡然无存。

我们离开机场航站楼时，我问她："您没忘记给他小费吧？"

"小费？为什么要给？"她说，"把我们当作两个旧手提箱一样拉过机场，他不配拿小费！"

这件事我一直记忆犹新。我在机场或其他任何地方看到轮椅时，都会暗暗感谢上苍，因为我还不想要，也不需要轮椅。

温斯顿·丘吉尔快 90 岁时，他的医生建议他锻炼。

“医生，我认为我的运动对于那些相信常规跑步和健康运动的朋友来说是一种打击。”

如果你追随温斯顿·丘吉尔的脚步，到 90 岁时你就会明白，你是否会像他一样幸运。就我而言，我才不会冒险等待。我很感激我事先得到了告诫，并且有机会将这些轮椅踢到路边，让它们消失得无影无踪。

印裔福贾·辛格在最近广受关注的一段优兔视频中，分享了他的故事。89 岁时，他失去了妻子和女儿，为了度过艰难时光，他开始散步。后来他开始跑步，并成为伦敦马拉松赛他那个年龄段的世界纪录保持者，他在 6 小时 2 分内完成了比赛。如今他已经 104 岁了，每天仍然坚持走上几英里。他解释说：“运动就像一种药物，我想一直服用它！”

因此，永远不要让“今天我不想锻炼”——相信我，这也经常发生在我身上——成为我们的选项，因为错过了今天，明天做起来会更加困难。

我经常通过散步来克服惰性。街区散步，或选择步行代替公交车，都是可行的。请记住：每一点滴的活动，都有助于防止关节生锈。

第七章

不要抱怨你的年龄

“我昨晚想联系您，但您应该已经出门了！”我儿子马克对我说。

“你说什么呢？”我问道，“昨天我出门前，你在回家的路上，我们通过电话。”

“真的吗？哦！对！您看，我手头事情太多了。”

马克还很年轻。可以理解，工作、家庭以及生活中的琐事，让他变得健忘。

但对我来说，都不应该给自己找这样的借口。如果同样的事发生在我身上，我的健忘就会显示我已步入“老龄”。人们会说：“你能相信吗？她连昨晚跟我通过电话都忘记了。”

皮埃尔去世后，我度过了一段非常艰难的时期，有时我整个人都不正常。我经常注意到我家人的脸上出现惊讶的表情，好像在问：“她还好吗？”不好，我感觉不怎么样，但不是因为我老了，而是因为皮埃尔去世给人的缺失感令我无法面对。

当时还有另一种情况常常发生：我和家人、朋友已决定做某一件事，却对时间、地点争论不休。例如，“我说的是上午 11 点，不是 12 点”。在记忆脆弱的状态下，我无心争辩。也许我是那个记忆发生错误的人，所以从那以后我通过电子邮件与我的家人、朋友进行时间或地点方面的沟通。现在，即使事情已经过去，但我仍然会将那些电子邮件保留在收件箱中。

遗忘、误解，甚至错误都没有关系，问题是，当你年纪大了，你的行为和癖好常被解读成是你的年龄造成的失误。

健 忘

这是问题的关键。不要让健忘缠上你，也不要让任何人说你的健忘是老龄所致。只要记住，你的成年子女或其他与你接触的比你年轻的人也很健忘！他们会轻描淡写地说“哦，我忘了”，而不必担心任何后果。

上个母亲节我和儿子一家在我住的楼对面的卢森堡咖啡馆共进午餐。我的儿媳妇安看着咖啡馆的门，突然说：“哦，那是我们楼里的芭芭拉一家！”（我和儿子一家住在同一个社区，但在不同的公寓。）

我往远处看，看到了黛比。

“那不是芭芭拉，是黛比。”

她轻描淡写地一带而过：“啊，您是对的。”她的口误其实不算什么，但我很高兴不是我发生了口误。

你到隔壁房间去拿东西时不用担心你到房间却不记得要拿什么。你的记忆力没有衰退；你之所以忘了，只是因为你注意力不集中，而且还有另一种解释，正如德国图宾根大学的迈克尔·拉姆斯卡博士解释的那样：

老年人的大脑反应比较慢，只是因为他们知道得很多。人们不会随着年龄的增长而记忆衰退，只是需要花更长的时间来回忆，因为他们的大脑中储存了更多的信息。就像计算机在硬盘已满时吃力运行一样，人类在大脑充满信息时需要更长时间才能完成搜索。研究人员表示，这种减缓过程与认知能力的下降大相径庭。人类的大脑在老年时工作较慢，只是因为我们随着时间的积累而存储了更多的信息。

对于所谓的“健忘”，现在你大可不必担心，你的大脑没有丢失任何知识或经验——它只是超负荷了！

不自觉地重复

我比较喜欢这个话题。哪个人不重复他们自己所说的话呢？

阿尔芒是我在瑞士的好友，他喜欢讲故事。

“我有没有和你们讲过我在几年前认识的、在这条街上一家餐馆打工的那个男人的故事？”

“是的，你讲过。”

我们听他讲同样的故事已经很多遍了。

“好吧，”他说，“我来告诉你们发生了什么。”之后他会开始讲述他的故事。不，不是他的听觉不好，也不是他太老而不记得他已经跟我们讲过同样的故事，他只是喜欢讲故事，我们就满足他的喜好。但是，如果他的年纪再大些，这种癖好就会被视为年老的象征。

是的，无论我们是否知道，也无论年轻还是年老，我们都会不自觉地重复说同一件事。我尽量不说：“如果我已经告诉过你，请让我停下来。”

“是的，你讲过了。”往往是这样的回答，但有时我感觉我的朋友和家人也纵容了我。我们都有自己喜欢的、一遍又一遍向他人讲述的故事，但你可以肯定这无关年龄！

眼　镜

“您现在戴眼镜了？”我的侄女吉尔非常诧异地问我。

“是的，我离不开眼镜！否则我就会出错！”

有一天，我忘了戴眼镜，结果误读了博物馆衣物存放处的标牌。这个标牌告知访客他们寄存外套的遗失赔偿是200美元，但我误认为寄存服务费是2美元。这让我很尴尬，我自此下定决心，今后出门必须戴眼镜。

但类似的事情又发生了一次。直到后来我才学会戴变焦老花镜，这是我多年来一直抵触的事，我坚持认为它会让我失去平衡而跌倒。然而事实证明并非如此！超市购物时，我再也不必翻找出眼镜来看东找西，好不轻松。现在，我可以看清汤料标注有多少钠。什么？ 700毫克！我迅速放回——高血压，你懂的。

如今，每位验光师都会提供各种形状和款式的镜框供顾客选择，以适合不同的脸型。如果你选择了合适的镜框，它甚至可以通过增加一点神秘感和趣味感来美化你的外观。因此，当你需要一副新眼镜时，试试选择一副时尚风格的眼镜佩戴，这会让你感觉焕然一新。

“你觉得我的新眼镜怎么样？”吉姆问（是的，男人也是虚荣的，有时甚至超过女人）。

“很棒，戴上这副眼镜，你看起来更年轻。”我回答。

“这正是我需要的！”他笑了起来，完全忘记了当初他意识到自己需要配度数更深的镜片时的感觉有多糟糕。

说到眼镜，我便会想起我祖父（我称他“Opa”）坐在厨房桌子后修理自己眼镜的情景，这场景仍然历历在目。他眼镜的一个镜片已经脱落。除非做一些重要事情，比如上午读《奥芬巴赫邮报》，或者干点修理的活儿，他平时大都坐在炉子旁的扶手椅上。

他话不多，是个安静、腼腆的人。虽然我们之间言语交流不多，但我们有种默契，一种我从未在其他任何人身上感觉到的默契。他身材高大、瘦削，为人豪爽，浅蓝的眼睛和满头的白发让他看起来非常高贵和帅气。

每每看见他，我就会问：“您为什么不买一副新眼镜？”

“只要修好了，这副眼镜就没有任何问题。”

由于他用的金属线让眼镜失去了平衡，他不得不每隔几分钟扶一次眼镜，如果他不介意，他说得也对。这副眼镜的确问题不大，不过他完全买得起一副新的，但我祖父从不浪费。不论金钱，还是言语都不浪费！

众所周知，戴眼镜不仅仅是年龄问题。有千百万人，包括年轻人，甚至是孩子，需要眼镜的帮助才能看清东西。如果女性认为戴上眼镜她就不那么有吸引力了，那就大错特错了——这早已成为过去时。眼镜对于隐藏皱纹和浮肿非常有帮助，如果你没有选择无框或学究气的眼镜，眼镜还可以使你的脸更有吸引力。

几年前我为《阁楼》杂志上刊出的《什么让男人转身》一书做过一份调查，我设计了一个问题："您觉得戴眼镜让女人魅力减退吗？"在接受调查的 6000 名男性中，有 84% 的人持否定态度。

一位 29 岁的纽约自由撰稿人写道："确实不会，恰恰相反，许多女性的美丽通过一副漂亮的时尚眼镜会得到更好的展现。它们可以修饰一张脸，因为镜片可以作为一双迷人眼睛的展窗。眼镜也为女士的魅力增加额外的内涵，比如智慧、深沉等。"

一位 25 岁的军官写道："眼镜甚至会增色，我不觉得戴眼镜的女性吸引力会减少。事实上，她们看起来很性感，特别是结合比基尼，因为此时几乎所有的部位都是裸露的。眼镜还可以隐藏注视他人的目光。"

其他评论还有：

"只要款式适合，眼镜可以让女人看起来更漂亮。"

"相反，有些女性戴着眼镜看起来很漂亮。"

"如果眼镜很时尚而不是那种老式框架眼镜，她们会显得非常性感。"

如果你戴上了眼镜或忘记了钥匙，或者只是不想做某事，请不要归咎于你的年龄。这些事情会同样发生在年轻人身上——我们年轻的时候，它们就曾发生在我们身上——所以请不要允许任何人告诉你：发生这些事情是由于你老了。

第八章

黑暗中总有一线光明

即使你认为自己的生活飞掠而过，但如果你努力发现生活中的美，你会发现生活还有一丝希望。即使你的前路没有你来时的路那么长，但你会使一切都弥足珍贵。

在生命的这个阶段，时间是你的敌人也是你的礼物——说它是敌人，因为它每天都在缩短你的前路；说它是礼物，因为它让你对生活中的每一天和每件事都倍加珍惜。

说到我自己，我把许多的幸事视为理所当然，因此错过了生命中一些美好的时刻。就像我儿子长大成人的那段时光：我真的曾经拥有一切。我有一个孩子，有皮埃尔，有母亲在身边，还有我喜欢的工作。我住在我最喜欢的城市纽约，还有一处乡下的房产可以度周末。在忙碌与喧嚣中，我从来没有想到生活中的一切都在变化，生活并不总是一成不变的——生活每时每刻都在发生着改变。

今天，我的孩子已经长大成人。皮埃尔和我的母亲已经过世，我的产业变卖了，我在卡茨基尔的房子也毁于一场大火。

有些日子，这些记忆令我怀旧、感伤，但是也让我对余下所拥有的一切心怀感激，它们提醒着我不要错过任何事。最重要的是，它们让我珍惜当下的每时每刻。

拥有选择

幸运的是，每增长一岁，你的身体不仅会改变，你的思想也会改变。我记得我第一次意识到自己不能再像二十来岁的人那样思考的那一天。那是一个下着雪的寒冷冬夜，晚上将近10点的时候，我儿子马克说："我要和乔一起去看电影。"

"什么？现在？这时候？外面正在下雪，天很冷。"

"没关系。我们不会有事的。"

当然，他们没有事。我在他这样的年纪时，即使是暴风雪也不能阻挡我做想做的事。

但是随着在寒冷的冬夜去看电影不再是我优先考虑的事情，我渐渐发现能留在温暖的卧室里看电视反而令我更加开心。

听到有人说"我再也不能这样做了"时，我总是问："你的意思是你不能再这样做了，还是你不想再这样做了呢？"

不能做和不想做——这有很大的不同！意识到这种差异可以改变你对自己的认识。我冒昧地说，大多数时候，当有人说"我再也不能这样做了"时，她真正的意思是"去那种地方，做那种事——已经不再在我的计划中了"。

不必太在意

终于解脱了！我不再担心这些琐碎事了。聚餐推迟到下周又有什么关系？曾经，这样的改变会让我非常不满。我会想："他们怎么这么不善解人意，在最后一刻更改聚会日期？"如今我的反应是："我会期待下周！"

不再工作

当然，当你年老时，最大的变化就是不再需要工作，不需要冲出家门，在固定的时间到达办公室。早上睡得更久是多么幸福和愉快啊！没有闹钟打搅，我在早上7点醒来，抱着枕头，我再次闭上眼睛，来个回笼觉，感觉好极了。

回馈社会

“回馈”或志愿服务已经成为包括我在内的许多退休人士生活的重心。如果社会需要我，不论付钱或不付钱，我都乐意提供力所能及的帮助和服务。

通过志愿服务，你会拥有很多可以发挥作用并创造不同的机会。而且，通过志愿服务，你可以将从漫长生活中学到的一些知识和经验回馈给他人，这种经历是通过其他任何途径都难以复制的。但是，正如我想的那样，要成为一名快乐的志愿者，你必须找到适合自己的领域，在那里你会感到被人所欣赏，最重要的是，你觉得你确实创造了不同。

每个人都有属于自己的不同领域，找到自己的领域是一个反复试错的过程。让我告诉你我的尝试以及如何最终找到合适定位。

在我卖掉了我的产业，再也没有办公室可以去的时候，我觉得十分空虚。就在那一刻，我理解了皮埃尔曾经常对我说的话：“你让我参与你的生意，我很感激你。我的许多同事退休后，连舔邮票的机会都没有，完全无所事事。相比之下，我可是幸运多了。”

虽然他曾担任一家公司的董事会主席，但后来他也肯屈尊拜访我纺织行业的客户，帮助我推销公司的设计产品。他很快就适应了，我很钦佩。然而，直到我也退休，我才明白参与些工作有多么重要。

变卖掉产业后，我茫然不知所措，于是转向我的朋友们，想知道她们是如何安排自己的时间。她们有的外出吃饭，去看电影，参观博物馆，或者去旅行。我参与其中，但我仍觉得某些东西缺失了。对我而言，所有这些活动充其量只是我所谓的创可贴，可以治愈轻微的创伤，却无法治疗退休造成的重创。我觉得自己被推出了生活的主流，做不了有意义的事。我做不到像我的朋友说的那样：“我再也不用工作了，真令人兴奋，我只需照顾好自己，做自己想做的事。”

第一次考虑志愿服务时，我不得不克服一些根深蒂固的障碍。第一个也是最重要的障碍是“我付出劳动却不领取报酬”，而我一直信奉“有劳则必有获”。第二个障碍是“志愿工作只适用于那些别无其他事情可做的人”。

把这些想法放在一边，我发现志愿服务不是为了消磨时光或得到报酬，而是为了让我们变得有用，这对于幸福和健康的生活无疑是必要的。

现在，我在“无底衣柜”做志愿者，这个组织的宗旨是为纽约弱势女性进入职场提供灵感和指导。我们帮助她们穿着得体去参加面试（衣服由个人和服装制造商捐赠），帮助她们更新简历，并指导她们如何与未来的雇主面谈。

一个半小时后，西尔维亚——我们的一个客户（我们这样称呼这些女性）走了出去，她穿着一套新衣，高仰着头，面带微笑，这个世界仿佛也因之更加美好。这就是我仍然可以有所作为的地方。去面试之前，她拥抱了我，说：“谢谢您，布瑞杰蒂，为我找到合适的衣服。我现在自我感觉很好……感谢您关照我。”回家的时候，我的头也不由得抬高了一点。

当你不再做出贡献时，你就濒临死亡。——埃莉诺·罗斯福

我在志愿服务中的遭遇

我花了几年时间，经历了一些起伏和挫折才找到“无底衣柜”。一切始于我在新泽西州伯克利高地的小勋爵博物馆的参观。我多次途经那里都想进去看看，但博物馆总是关门闭户。在一个星期天我的运气来了：它终于开放了。我停下脚步，走进博物馆。

那天下午值班的男子介绍自己叫诺曼。他允许我独自穿过建于 1760 年的一座农场。这里有小巧、漂亮的农舍，大部分房间仍然陈列着家具，一切都蒙着尘土，仿佛它们也来自 1760 年。蜘蛛网将窗户与曾经雪白如今满是破洞

的窗帘相连。离开前，我问诺曼为什么博物馆不经常开放。

“我们缺乏足够的志愿者。”

片刻犹豫之后，我问他，我是否可以帮忙。

“您想做点什么？”诺曼问道。

“我可以在周末开放博物馆，让人们有机会参观。或者，如果您不介意，我可以来清扫和布置这里的家具。”

诺曼认为这是个好主意。在我的朋友唐纳德的帮助下，我们花了一周的时间来清扫和重新布置家具，小勋爵博物馆终于焕然一新。摄影师唐纳德拍摄的照片，连同这座博物馆的历史轶事在几周后发表在当地的社区报纸《独立新闻》上。

诺曼为我们所做的事情感到高兴，但当我问他何时希望我来开放博物馆时，他说：“其实我们只想让博物馆一个月开放一次而已。”

我把他给我的博物馆钥匙还给了他，徒留沮丧。

回到纽约，我听说孙女珂赛特的学前学校“摇马幼稚园”需要帮手。有六个月时间，我每周都和孩子们在一起两天，我非常喜欢这样的生活。然而，学校不久就关门停业了，因为园长无力续签租赁合同。

接着我变得更加雄心勃勃，想创办一个名为“援手”的非营利机构，为无家可归者提供衣物。在儿子的帮助下，我上网打印出需要填写的资料——那些文件看起来像有一百份。我尝试着填写，却很快陷入困境，只能找我之前的会计帮忙。很遗憾，他向我解释了涉及的事项后，我的希望随之破灭。我既没有资金，也缺少援手去运营这样一个机构。我还发现我不能使用“援手”这个名称，因为它已经被使用，而我一直将“援手”当作命中注定的符号。

但帮助无家可归者的念头仍然萦绕在我的脑海。我发现我所在教区的教堂，也就是位于中央公园西路的圣三一路德教会，有一个名为“拥抱”的计划，即每周六为无家可归的人提供午餐和几小时的陪伴。我打了电话，了解到他们一直需要有人帮厨。

在一个大风天，那天应该是星期六，主管接待了我。她把我介绍给了其他六名志愿者，并安排我去切生菜。

我们端上午饭的时候，一位名叫帕特里夏的女士走到桌边。

“您有外套或夹克吗？”她问道，“我太冷了。”

我问另一位志愿者，教会是否备有衣服。她指了指窗帘后面，在那里我找到一些旧衣服。帕特里夏身材高大，我能找到适合她穿的只有一件男式夹克。我帮她穿上。

“这是男式夹克，对吧？”她问。

“只有这件了。”我答道，感到很无助。

“没关系，有总比没有好。”她感激地说，然后穿上走了出去。

看着她，我幡然醒悟：他们不需要我切生菜。他们需要我带来保暖的衣服。

三个星期后，经该计划协调员弗兰克的许可，我把两张桌子拼在一起，蒙上一块漂亮的桌布，上面摆放着我在旧货店淘来的毛衣（经过在货架上几个小时的挑选，我挑出了几乎没有穿过，也没有破洞或污渍的衣服）。我把它们按照尺寸和颜色摆放，就像服装店那样。

我有点担心，也许他们不需要毛衣。

第一个男人走到桌边问：“这是什么？”

弗兰克插话道：“如果您需要毛衣，就请挑一件吧。免费的。它们是布瑞杰蒂女士捐的，真的很不错。”

“一个人限领一件。”我提醒他。

他挑好了毛衣。十分钟后，他却又回来了，问：“我可以换一件吗？”

“只要您有收据。”我说。我们都笑了，他又换了一件毛衣。

有近两年时间我奔波于新泽西州的沃昌，每周都会造访22号公路上的“与众不同”旧货店，并因此耗尽了我的金钱、时间和精力，最后我不得不放弃了“拥抱”项目。

我再次失去了生活的方向，直到有一天我的朋友帕特来看我。

“有人告诉我可以把衣服捐到一个叫‘无底衣柜’的地方。你听说过吗？”

我不知道，我从电话号码簿中找到号码，给那里打了个电话去问个究竟。

“您想等下一次晚上介绍情况的时候来还是想立刻来？”一个友好的声音问。

“我想立刻来，”我说，“明天怎么样？”

“可以。那么明天见！”

第二天，我成了“无底衣柜”的一名志愿者。现在，我已经在那里工作了两年多，我知道我来对了地方。我利用我毕生所学——曾在时尚界工作，把女性打扮得更漂亮——去帮助那些有需要的人。

因此，如果你正考虑做志愿者并想要从中获得快乐、满足和被需要感，进而成为一个有用的人，就去尝试找一个合适的工作，这个工作可以或多或少地用上你在过往工作生活中学习到的技能。

因为在我们不断变化的世界中结识新朋友并不容易，所以志愿服务的一个有益而且美妙的奖励就是结交新朋友——新朋友为你打开新的大门，向你展示新的天地，就如同一股充满活力的能量，丰富你灵魂的内涵。

仅适用于祖父母

一旦成为祖父母，你的生活就会发生改变。你的孙子孙女们就像是你生活中的新鲜空气。圣诞节再次充满魔力和奇迹。生日蛋糕又有蜡烛相伴，聚会变得熙熙攘攘，小可人儿们跑来跑去，吃着冰淇淋，戴着滑稽的帽子。假期不再仅仅是成年人的娱乐，米老鼠赋予其全新的含义。购物的时候，你会觉得每个玩具上都写着你孙子或孙女的名字。当我看到小礼服或者任何粉红色的东西，比如闪闪发光的运动鞋时，我都难以抗拒购买的欲望。

感谢上苍赐予我小女孩

拥有孙子孙女，对我来说是福分！他们让我想起曾经的幸福岁月，就像我儿子成长的时候一样。而且，如果你像我一样，没有女儿，一个孙女——一个小女孩——就是一份特别的礼物。我怀孕五个月时，因流产失去了自己的女儿，孙女对我来说不仅仅是一份礼物，更像是上苍给予我的第二次机会。

四月，一个温暖的春日，珂赛特出生了。为去医院看她，我精心准备了好几个小时。医院离我住的地方不远，所以我可以步行过去。

傍晚将近六点时，马克打来电话说："您现在可以来看她了。"我很高兴能步行前往，因为我太兴奋了，我在公共汽车或出租车里肯定坐不住。我尽可能快地走着，哼唱着："是一个女孩！是一个女孩！"

我想着即将见面的小女孩，开心的情绪到处荡漾。我一会儿开心，一会儿伤心。我想起很久以前的痛苦，不由得哭了起来。

我走出医院电梯时，我的孙子，刚出生的孩子的哥哥雷米跑来接我。他已经 4 岁了。

"您想见我妹妹吗？"他兴奋地喊道，"她叫珂赛特，她的头发是黑色的！"（我痛失女儿的时候，护士很残忍地告诉我："您的女儿长有很多黑头发。"）他冲在前面，迫不及待地告诉我珂赛特在哪儿。

我走向塑料摇篮，心跳加速——就在那儿，躺着一个裹着一条白色毯子的小女孩，她粉红色的小脸几乎被黑色的头发盖住。她闭着眼睛，正在睡觉。我看了她很久，不敢碰她，也听不到周围人说什么。

多年来，我不确定自己是否能当上祖母。我生儿子的时候算是大龄产妇了，随着岁月的流逝，我觉得我做一个充满活力的"祖母"的机会越来越渺茫。

皮埃尔健在时，有次我们去佛罗里达度假。我惊讶地看到许多老年夫妇在机场的到达厅等候。他们非常期待地向乘客出口处张望。当一个小人儿跑向他们想要一个拥抱时，我什么都明白了。满是羡慕地看了一眼之后，我会继续往前走。

现在，我有了自己的孙子和孙女，雷米和珂赛特——一个女孩！

再过几个月她就 8 岁了。我非常感激生命中有一个小女孩。不，我没有告诉任何人为什么她对我如此特别。但是我们走在街上，我牵着她的小手，她会问："奶奶，您在想什么呢？"我感谢上帝赐予我第二次机会，能够释放我长久以来埋藏在心里的痛苦。

但作为祖父母，我们不宜介入过多。孙儿们有自己的父母，他们并不像我们一样行为处事。我第一次看到安把婴儿奶瓶从冰箱拿出来递给孩子时感到非常诧异!"凉牛奶对孩子肠胃不好。"话到嘴边，我控制住没有让自己说出口。相反，我只是想知道加热奶瓶，滴几滴奶液在你的手背上，确保奶的温度合适，有什么问题吗?

我可以喋喋不休地说我们做事的方式有多么不同，但我不会这样做。条条大路通罗马，孩子们在他们父母的呵护下也在茁壮成长!

我对祖父母们的另一个提醒：不要放弃自己的生活。让孙儿们成为你生活的中心，并不是健康的生活方式。孙儿们的兴趣会随着成长而变化，一旦他们长到 12 岁（甚至更小），祖父和祖母对他们来说就已经不再那么重要了。

我母亲就犯了这个错误。家庭是她世界的开始和结束。她的思想、注意力和有时令人窒息的爱围绕着我们，特别是她的孙子。当马克长大成人并开始自己的生活时，她经常说："他很小的时候，我照顾他没有问题，但现在他已经不在乎我了。他连看望我的时间都抽不出来。”

当然，她过于夸张了。我试图解释给她听，马克不像她希望的那样有那么多时间来陪她——他现在需要工作，而且有了自己的家庭——我不认为母亲能听得进我的劝。由于她的世界中心已经改变，她感觉自己被遗忘，因此受到了伤害。

我的一个朋友（我们权且叫她玛丽）犯了和我母亲一样的错误。除非她确信她的孙儿们有人照顾，否则她就不去看电影或外出就餐。

用洛特·贝林[①]的话来说：“总是在需要的时候立刻出现，而不是一直缠在孩子身边，这可能是母亲可以扮演的最佳角色。”——金玉良言。我认为这也适用于祖父母……他们也许更应如此。好好想一想吧！

概　述

“黑暗中总有一线光明。”这句谚语通常被用作克服困难的一种鼓励。然而，为了消除负面情况，保持积极的态度会在黑暗中燃起一丝光明，而对于未来应该走的道路，你的选择永远都是最好的。

选择：你可以随心所欲，什么时候做，在哪里做。

欣赏：你懂得如何欣赏生活。

放松：你不必为琐事劳心费力。

不工作：没有朝九晚五的时间表。

回馈：一种新的满足感让你感到快乐。

孙辈：生活中的新维度。

最后但同样重要，性：无怀孕之虞。

---

① 洛特·贝林，管理学教授，麻省理工学院斯隆管理学院终身教授。1997—1999 学年任麻省理工学院院长。

第九章

巴黎在你的度假清单中吗?

在旅行方面，你应该接受美国有线电视新闻网《未知之旅》栏目主持人安东尼·波登的建议，他引用了欧内斯特·乌尔默的话：“生活充满了不确定性。先吃甜点。”

你先吃甜点了吗？我的许多同龄人都是这样说的：

“我一直想去爱尔兰。”

“我从未去过伦敦。”

“巴黎一直是我的梦想。”

“你为什么不去呢？”我问他们，于是一系列理由——我称之为借口——出现了。

“现在不是时候。”

“我的孙儿需要我。”

“我不知道。也许明年吧。”

如果你现在不知道，那你什么时候知道呢？等到为时已晚？等到你的膝盖问题阻碍你登上罗马圣彼得大教堂的台阶？

旅行是退休带来的奖赏之一。现在你有时间去某个地方，想待多久就待多久。你再不必因为学校要开学或者你的公司只给了两个星期的假期而匆忙赶回来。

今年我和马克一家去度假，我们有十天时间游历德国慕尼黑。我很高兴

“嗯，老姑娘，第三次了。如果发生了什么的话，我们有什么高招吗？”

能去那里，但我觉得十天的时间太短，除去路上要花的两天时间，实际上只剩八天。预订机票时，儿子的问题让我有些莫名："对您来说时间是不是太长了？"

"对我来说太长了？不！"

我现在很幸运，没有什么太长。我有充足的时间在我想要的时间和地点做我想做的事。这是法国人口中的老年季（第三纪元）给予的很好奖励。

不幸的是，旅行没有以前那么舒适。我独自旅行时，第一个障碍是买票。我不在网上购票，我宁愿打电话给航空公司与人交谈来购票。我知道这样会有额外费用，高达 25 美元或更多。但这仍然比在电脑上按错按键不得不支付两次或在错误的一天去到错误的地方付出的代价更低（网上冲浪不是我的强项）。

虽然电话那头的声音很友好，服务周到，但是实际上我仍然没有买对票。还记得那些显示所有细节的长方形多联机票吗？航空公司的订票代理告诉我，她正在给我发送一封包含我机票信息的电子邮件。我儿子看到我把机票打印出来时，笑着说："您不需要打印！他们系统里有您的机票记录。"

"他们有我的机票信息了？如果他们没有呢？我怎么证明我有预订？"

"别担心。"他向我保证。

我很羡慕他对计算机的信心，因为当我的命运取决于计算机时，我打心底里对此表示怀疑。

动身前的某一天，我收到航空公司发来的电子邮件，通知我可以打印登机牌了，这样办理登机手续会更快捷、方便。到达机场后，我被告知要扫描我的护照（我前两次从肯尼迪机场出发时，这些扫描设备还没有启用），并将我的行李箱"放在那里"。他们一定是在和我开玩笑——那可不行。我宁愿耐心地站着排队，把行李箱交给一个工作人员，由他把我的登机牌和行李票递给我。

办妥登机牌后，我必须克服下一个障碍：安检。这就是我们脱外套接受检查的地方，外套、夹克、皮带、鞋、珠宝无一例外都接受检查，如果扫描仪显示我的手提包里有一个看起来可疑的物品，我会被工作人员带到一边并倒空我的手提包。与此同时，我的其他物品仍然在传送带上接受扫描，并被其他乘客的行李推推搡搡。工作人员发现可疑物品其实只是一管眼霜，同意放行，我可以去找我的其他物品了。我一手提着我的鞋子，手臂上挂着我的外套和夹克，另一只手则拿着其他物品，我环顾四周寻找一把可以让我放置衣物，方便重新穿戴的椅子。我感到有点儿不爽。

“如今旅行真是让人恼火。”我听到我的朋友黛比说。这当然可能是一种痛苦，但外出仍然比待在家里好，你不觉得吗?

自由行还是跟团游?

很多人拿不定主意是自由行还是跟团游。两者各有优缺点，主要还是取决于你的年龄、和游伴的关系，以及你是寻求舒适还是冒险。自由行和跟团游我都尝试过，从一个单身女性的经验来看，我的建议是跟团游。

第一次独自旅行，我选择了埃及。我从 10 岁第一次看到挂在教室里的金字塔照片时，就一直梦想着有一天能亲眼看到金字塔。

当我们乘坐的飞机接近开罗时，扬声器中传来机长的声音。

“请大家往飞机左侧看，您可以看到吉萨高原和高原上的金字塔。”

大家的目光急忙投向飞机左舷，“哦，哇！”乘客们异口同声发出惊呼。在远处，太阳的余晖，衬托得三座金字塔看起来犹如好莱坞大片一样壮美。它们不是电影，它们是真实的存在，我不由得咽了几次口水。

通过海关后，阿布克罗比和肯特旅行社的人员来接我和其他 21 名团员。我们去了位于开罗市中心尼罗河畔的弗里蒙特酒店。

我们团的男女团员数量适宜，有年轻人、老年人，甚至高龄老人。其中一对夫妇——沃尔特和安妮，都已经 80 多岁了。他们从不抱怨什么，无论在任何地方进出还是上下，虽然他们步履蹒跚，稍落后于我们，但总归还是能跟上全团的节奏。除了我们凌晨4点就离开开罗酒店的那天，我们搭乘飞机前往尼罗河上游的阿布辛贝，然后转机前往卢克索，于下午4点左右到达，接着登上第二天带我们去阿斯旺大坝的游轮“太阳船”五号。那是个炎热的下午，老夫妇不想参观鳄鱼博物馆，这是我们当天行程中的另一条路线。他们留在船上，我也留了下来。我们坐在游轮的上层甲板上，畅谈我们的旅程。

“您享受埃及的旅行吗？”我问沃尔特。

“我享受——我的意思——我们享受。”他说。为了得到妻子的赞许，他继续说：“但如果我们早十年来玩儿会更好。我们一直推迟埃及之旅。现在，我很开心我们终于到了这里。”

跟团游确实会减缓行程，而且通常无法观赏没有安排的景点。然而，和团员们一起享用晚餐弥补了这个遗憾。

我第一次去埃及旅行的时间很短——仅仅10天——有很多值得一看的地方都没有去，于是第二年我又去了一次，和第一次一样也是跟团。这次旅程和上次一样迷人。旅行接近尾声时，我觉得自己已经做好了准备，即使没有导游帮助，我也有能力留下来度过不止十天的时间。

从美国动身前我就预订了埃及的酒店和观光旅游行程，我为我的自由行做足了准备。卢克索的新门农酒店[①]是新落成的，位于国王谷，是我的第一站，也是我面临的第一个挑战。酒店经理赛义德先生很友善，非常周到，但与我之前的跟团游不同，没有欢迎晚宴等着我，更糟糕的是，这家酒店没有酒吧或餐厅。酒店早餐在花园里供应，但早餐之后就没有地方可以吃饭了。赛义

① 新门农酒店是一家非常漂亮的现代酒店，可惜在我入住期间鲜有游客，这是因为2011年埃及革命导致旅游业崩溃。

德先生提议酒店做好晚饭，他在屋顶与我共进晚餐，我婉拒了。最近的咖啡馆在村里，需要叫一辆出租车才能到，而酒店外没有等客的出租车。

在酒店入住一晚后，我发现我是酒店唯一的客人。我陷入了恐慌，然后试图保持冷静。我问赛义德先生他和他的家人住在哪里，我以为他们也住在酒店。

“沿着这条街往前走就到了，”他回答说，“我可以带您参观我家。”

听他话里话外的意思，我意识到我被困在一家只有 25 间客房的埃及乡村酒店。我不懂当地话，也没有电话。如果跟团游，就不会发生这种事。

我借了一部电话打给苏和约翰，我的救星，他们是我在上一次旅行中遇到的一对英国夫妇，他们恰巧就在卢克索。与他们交谈后，我答应了赛义德先生之前的提议，由酒店准备晚饭，我邀请苏、约翰和我在屋顶共进晚餐。

我们用餐的时候，苏转向我，坚定地说：“您不能留在这儿。这地方太偏了。”

“但我预订了十天的酒店！我不能走。”

“哦，不，您可以走。您来埃及是为了度假，可这儿不是您想待的地方。您总归是要待在一个有人气儿的地方，和新结识的人喝上两杯吧。”

第二天早上 11 点，约翰接我去位于卢克索市中心的金字塔酒店。我已经付过赛义德先生 10 天的房钱（每天只有 30 美元）。我不想伤害他的感情，所以告诉他，飓风“桑迪”快来了，我决定提前回家。

在卢克索的剩余时间，苏和约翰把我置于他们的保护下，这比任何旅行都让我感到开心。

我非常钦佩苏和约翰。他们已经把旅行提升到了全新高度。在过去的七年里，一年中有六个月他们都在卢克索生活，从二月到五月再从十月到十二月底。

“您真的很喜欢埃及吗？”我问约翰。

“在家乡有很多人问我同样的问题，”约翰回答说，“我总是告诉他们，如果我们不去埃及，就会像其他老年人一样待在家里无所事事。”

将一部分时间花在与常年生活城市不同的地方，为苏和约翰开辟了全新的世界，随之而来的挑战正好让他们恢复活力。但对于单身女性而言，情况就有所不同。你需要成为夫妻中的一方，因为特别是在埃及这种男性主导的社会中，男人只与男人打交道。当苏与一个埃及男人接触时，我喜欢她用一种权威的语气说：“哦，去我的丈夫约翰先生那儿，他会处理的。”

也许你有自己的另一半，也许你不想在一年中离家六个月，但你仍然应该考虑尝试这样的事情！旅行开启了新的大门，偶尔尝试一下可以让你的世界重新回归完整。你原先的生活只是被暂停。如果埃及对你没有吸引力，爱彼迎（Airbnb）等在线服务公司可以在法国南部或意大利，甚至世界几乎任何地方提供非常漂亮的房屋或公寓出租。

在卢克索逗留一阵儿后，我回到开罗。当时距离计划返程时间还有12天，我住在扎马雷克的隆尚酒店。

扎马雷克是开罗西部的富人区，位于尼罗河的杰济拉（Gezira）岛北部。该岛经由三座桥与河岸相连。多年前，许多外国使馆都坐落在那里。这些豪宅至今仍然屹立在岛上。

酒店非常善于经营（有酒吧和餐厅）。酒店的德国经理多丽丝在开罗生活了22年，我随时都能得到她的帮助。我在开罗度过了一段时间，再次参观了开罗博物馆，在尼罗河上乘帆船，游弋在开罗老城之中，在露天市场购物……晚上独自享用晚餐。

在纽约时，我还预订了两天的亚历山大之旅。交通、导游和酒店都预订好了。蒙塔扎宫花园的赫尔南·巴勒斯坦酒店没有让我失望，这里有人们所期望的所有舒适服务。酒店位于滨海路尽头，这条路是沿地中海修建的海滨长廊，20 世纪 20 年代那里有豪华的住宅和异国情调的豪华酒店，供来自欧洲的富人和名流暑期度假。

我的房间明亮、舒适，还临着水。踏上阳台，我看到埃及国王法鲁克的城堡距离我只有几百英尺之遥，我觉得自己仿佛已经化身《一千零一夜》的一部分。像故事中描绘的那样，美丽的城堡沐浴在夕阳余晖中，地中海的波浪拍打着岩石，这真是一种神奇的感受，但这种感受我无法与任何人分享，因为我是一个人旅行。

我的观点是什么？如果你是单身而且没有游伴，跟团游是最佳选择。在埃及的这三个星期里，我没有糟糕的经历，但我认识到独自旅行并不像我期望的那样有趣，晚上一个人吃饭感觉很孤单。但如果加入旅行团，你可能不会爱上所有 21 个人，但应该总会有一个人与你投缘，你愿与他在一张桌子上进餐。

宅居之美

如果你嫌乘飞机、火车或汽车旅行麻烦，并且远方不再在你的目标清单上，请退后一步，环顾四周。你了解你生活的城镇吗？你到过所有该去看看的地方吗？

我是第一个勇于承认并为忽略了周围生活而感到内疚的人。意识到这一点，我开始探索我的城市。多数博物馆举办的讲座和“特别之旅”让我结识了新朋友。了解周围发生的事件，例如近期举办的音乐会、当地图书馆的论坛等，让我感觉自己已经成为周围环境的一部分并与之休戚相关。

如今世界各地的大多数游客都是老年人，如果你还没有加入其中，请问问自己为什么不加入呢。是不是该实现梦想，去看看埃菲尔铁塔了？！

“我们正在考虑今年夏天去喜马拉雅。另外，蒙托克也很特别。”

需要一种新的旅行方式

当我们的年纪越来越大，旅行的规则也会发生变化。我的朋友佩吉·安妮每次旅行之前都会说：“我只想要舒服，别的都可以忽略。”

是的，舒适地旅行很不错，但需要付出代价。如果你仔细查看信息并做好旅行前的攻略，可能会得偿所愿。有时候感到舒服并不仅仅与金钱有关——这里列出的注意事项也可能会增加旅行的舒适度。

天气：你不会喜欢太热的天气或在雨中观光。

价格：某些时候，你可以在圣诞节假期在伦敦找到真正便宜的酒店——或者你可以在最后一刻下单，因为航空公司不想留下空位，机票价格会有很大优惠。

酒店：特别是当你跟团游时，询问即将入住的酒店名字，并上网查找。从酒店的星级和外观你可以了解很多关于旅游质量的信息。

酒店位置：你不想乘坐公共汽车或出租车到市中心，可能也不想步行，因此请确认你的酒店位于市中心。

行程：仔细阅读，想象自己亲身参与活动，不要错过细节。雨林徒步可能听起来很奇妙，但你能坚持四个小时吗？甚至你想参加吗？总归还是要考虑某些事情对你是否过于具有挑战性。

航班：仅限直飞航班。飞行不再是一种享受（你还记得精心打扮等着乘坐飞机是什么时候的事了吗？），在机场等待几个小时转机并不是一个舒适假期中所该有的环节。

升舱：经济舱和商务舱的舒适度差异很大。但是，如果你不想花更多的钱，我有一个办法，这是我最近与航空公司的机票代理交流时发现的窍门。办理登机手续时升舱，商务舱的价格会降 60%，这意味着如果升舱的额外费用是 1000 美元，办理登机手续时升舱仅需 400 美元，会便宜很多。正如我所说，航空公司不喜欢留下空位。

行李：永远不要携带自己一个人拿不动的行李。没有什么比因行李太多而陷入困境更令人沮丧的了。打包时，请记住，你的衣服不只穿一次，而且每家酒店都有洗衣服务，可以保证当天送洗当天送回。

跟团游：让别人照顾你。让他们为你开车、做导游、提供餐食，最重要的是，你的行李箱会在别人的照顾下来来去去，好像自己也会旅行一样。

一路顺风，好运常在。

第十章

你上网了吗?

上网是与世界保持联系的一种方式，许多拥有计算机的老年人（但也有许多老年人没有）已经学会了发送电子邮件，以及使用网络电话（Skype）、利用谷歌（Google）搜索，但还有许多老年人和我一样仍茫然不知所措。

不，我不上网获取信息。我永远想不到这样做，但当我需要一些关于旅行、产品、地点、历史、人物、天气的信息时，马克或安首先会问我有没有上网搜索。

我不知道是否应该庆幸我不是来自“网络一代”，或者说我不知道是否想去为之高兴。这不重要，因为我别无选择。互联网席卷世界的时候，我已经错过了学习、掌握并将其发展成为我的第二天性的机会，这和今天我的孙儿们不一样。我已经学会接受我的缺点，但让我恼火的是，每个属于网络一代的人都用异样的目光看待我，好像我是从18世纪遗留下来的古董。

当然，老年人中也有例外。我们中的一些人已经真正开始行动，并对计算机了若指掌。我的朋友梅丽莎最喜欢说的话是:“哦，我必须回家上网看看。”遗憾的是，我不上网，这里我要说的一切，都是基于我对计算机的无知或我的不如意：世界在我变老之前，变化如此之快、如此剧烈，我无法与时俱进，无法跟上这个飞速变化的世界。

是的，我有台电脑，但我只使用了它大约30%的容量。我不知道其余的部分如何工作或有什么用。当然，我会用Word写文章，它使编辑变得非常简单，但我儿子安装的其他应用程序的用途是什么？我比很多挣扎于网络世界的老人幸运，因为我儿子是名计算机工程师，我可以打电话向他咨询。我常常过于自信，认为自己能够解决问题，但是当我不能解决问题时(这是常态)，我会求助于他。他不在时，我打视频电话给我13岁的孙子雷米，他非常认真地看着我说："别担心，奶奶，我会解决的——我会在一分钟之内到您那儿。"

瞧，他确实修好了。我13岁的时候，和我同龄的孩子们还是那么天真，那么无助，那么无知！是啊，如今是一个崭新的世界。

我知道计算机有帮助栏，我可以在那里提出问题，我尝试过，但是当答案出现时，我还是看不明白。"计算机"是一种伴随着在线心理活动的不同语言种类，而这种心理好像并不适用于我的计算机。

因为我属于18世纪的一代，所以我很惊讶于在线获取信息居然取代了人际互动和个人知识。这对于网络一代并不是问题。缺乏个人知识也不是问题，因为互联网给了他们所有需要的自信。这是他们生活的一切。当计算机可以做拼写检查时，谁还需要用《兰登书屋英语字典》呢？

当我问马克是否应该为雷米买一本有关美国历史或其他课程的书籍时，马克的回答总是："不需要，所有这些都可以在线获取。"

捧书而读有什么问题吗？我知道Kindle电子书已经接管了一切，我自己就有一个，但我只用来阅读垃圾小说，因为我不想在我的书架上看到这些垃圾文学。也就是说，在我下单后几分钟书就出现在我的Kindle屏幕上的奇迹，对我没什么触动。但是这么快速地下载怎么做到呢？所有与社交媒体或数字世界有关的，对我来说都像是奇迹，仅仅是因为我不明白这是怎么办到的。

以电子邮件为例。虽然大多数人现在都知道，你和朋友之间的邮件难保私密，但这是多么棒的交流方式啊。说到隐私，奥普拉·温弗瑞的建议可能会有所帮助："永远不要在电子邮件中写下第二天早上你不想在《纽约时报》头版看到的内容。"

“我申请转世，但他们说如果你不懂计算机就算了吧。”

当然，并不是每个人都能听到奥普拉的话，所以电子邮件的文件夹中一定塞满了能够使《纽约时报》发行量增长百倍的内容。

我的朋友杰夫，也是一把年纪的人了，他反对使用电子邮件。他经常说：“电子邮件提供不了语音服务，有时声音比信息更重要。”

我认为在这一点上他是对的。

脸书统治的世界

今天，超过 10 亿人使用脸书。你是其中一员吗？如果这种趋势继续下去，扎克伯格先生有一天将统治世界，就像古埃及的法老一样。

“您有脸书吗？”我会问。

“当然有，”人们说，“我喜欢随时与所有朋友保持联系。”

曾几何时，如果我们的朋友和我们一只手的手指一样多——意味着有五个，我们会觉得很幸运。但是今天，我们的手指不够用了。这是为什么？因为脸书改变了一切——但是变得更好还是更糟了呢？

好坏兼而有之。

从好的方面看，社交媒体确实以前所未有的方式把世界连接了起来。但糟糕的是，你无法亲眼看到你在脸书上的朋友，或者在他们需要的时候给他们一个拥抱。不，这与你在脸书上发布“我感到很遗憾，因为你不在”这句话是不一样的。你的身体缺席使得这种缺失痛苦倍增。

最近有一天，我坐在阳台上，喝着咖啡，俯瞰着花园。那是一个阳光明媚的美丽清晨。草坪刚刚整修一新，柔和的微风轻轻吹动树枝，唱着自己的歌，使人感到世界一派和平安宁。这是我想和朋友分享的时刻。

我的朋友在哪儿？我没有朋友吗？哦，是的，我差点忘了——他们在脸书里。那天早上，我期待找到一个可以听到他 / 她声音的朋友，为此我宁愿放弃脸书上的所有朋友。

不，我脸书上没有多少朋友（我想了想，有 36 个），但我一再感到惊讶，因为很多人的恣意和自豪，“你们知道吗，我有超过 300 个朋友”。（通常，他们脸书上朋友的数量远不止于此。）

当找到第 301 号朋友时，会出现一条公告：“莎莉和约翰现在是朋友了。”他们是怎么成为朋友的呢？约翰住在澳大利亚悉尼，莎莉住在英国伦敦。他们从未谋面，很可能永远也不会见面。我真的有点过时了，因为如果我是莎莉，至少我和约翰得有过故事，或者至少见过一次面，我才能称约翰为我的朋友。

我脸书上的一个朋友，我们权且称他为马丁吧，有几百个脸书好友——我上次检查发现他有 1819 个好友！他最近过生日，并且——你猜到了——他收到了许多祝他“生日快乐”的消息。我觉得这么多人都记得他的生日真好……但他们真的记得吗？不劳他们费心，脸书自会有提醒通知。即使某位脸书好友忘记了你的生日，也没什么大不了的。马丁生日过了几天后，他接到一个帖子说：“对不起，我错过了您的生日，因为有几天没有登录脸书——不管怎样，希望您有美好的一天。”

我做了一份朋友的生日清单，每个月都会查看一下。我买了生日卡片，每逢朋友的生日，我会在卡片上签上名字并寄送出去。当我的朋友收到生日卡片时，会觉得我们之间的情谊非同寻常。

难道这是结交朋友的新方式？难道拥有如此多的虚拟朋友可以掩饰你的孤独和缺少现实朋友，缺少可以和你一起笑、一起哭的朋友的事实吗？

脸书将你与来自世界各地的许多你称之为朋友的人联系起来，但这些人你可能从未谋面甚至永不可见，脸书找到了永远改变“朋友”这个词含义的方法。真是可怕的损失！

我知道数以百万计的脸书会员不会同意我的观点。他们喜欢看他们的朋友在吃什么以及他们的孩子看起来如何（尽管将孩子的照片放在那里并不是一个好主意）。他们乐于向你展示他们与自家猫、狗玩耍时的乐趣。他们永远不会忘记度假时发布幸福的照片，吹嘘海滩是多么美妙，以及酒店住宿的豪华程度。我认为这是一种自我推销、自我放纵的工具——如果不恰当地使用，可能会具有非常强的破坏性。

在我删掉脸书之前（我的确这么做了），我看到了凯文，我之前见过他，他曾经发过一张他妻子埃里卡等公共汽车的照片。但真的，谁在乎呢？我不反感他们中的任何一个，但我不在乎埃里卡是在等公共汽车还是在乘坐公共汽车。他难道不可以发布一些生活中更有趣的东西吗？

我离开脸书有两个原因。第一个原因是我发现大部分帖子都索然无趣，阅读这些帖子就是浪费时间。我可以通过电子邮件、电话或干脆登门来拜访我现实生活中的朋友们。我不需要扎克伯格先生监控我。你可能听说过，脸书上发布的所有信息都会永久保存在某个地方。

第二个原因是评论。脸书的评论往往有侮辱性，让人恶心，我不需要与那些声称受过良好教育但仍然使用龌龊语言并且持有令我不齿观点的人联系在一起。我知道，我不需要阅读这些评论，如果我不想读，我又有什么必要上脸书呢？

网上购物

说到网上购物，我正在网上购物呢！购买书籍、唱片或家用电器，亚马逊是最好的选择。但是若要上网购买衣服，我认为就行不通了。

买衣服时，我喜欢摸面料、看颜色、穿上身试。我需要了解我的感受。在找到心仪的那一件之前，我可能需要试上四五件。网购的选择是有限的，如果我收到货后发现不喜欢或不合适，我必须把它放回快递盒或快递袋，填写退货表格，确认保留凭条，并用胶带粘好。幸运的话，邮政工作人员或联邦快递的人会从门卫那里取走需要退还的货品，但如果没有那么幸运，我就必须亲自跑去邮局或联邦快递。我发现所有这些都是麻烦，费时费力。我本可以在罗德与泰勒百货享受试穿衣服的乐趣。

我知道，这是我这个年龄的另一个标志，因为网络时代的网购感受与我在实体店购物的感受完全不同。网络一代喜欢网上购物。有关在线零售的报道显示这种销售方式的影响力不断扩大。如果我还是位年轻的母亲，我也会乐于把我孩子的鞋子退还给里昂比恩而不需付邮费，但话又说回来，我不是一个年轻母亲。正如我之前所说，我对互联网的有限热爱是想抹平代沟。我毕竟不是拿着苹果手机出生的一代。

我现在的确有一部苹果手机，它确实非常方便，它的许多应用程序可以帮助我按喜欢的方式生活。我可以支付账单、约会、找到公共汽车站、查询股市行情，甚至运行我不知道的其他数百个应用程序。但是，我正在等待苹果公司发布新的应用，可惜这个应用还没有开发出来……这个应用将让人们可以看到彼此——不，不是通过脸书、图片分享或网络电话——而是看到鲜活而生动的“本尊”。

亲密关系

前几天乘公共汽车回家的时候，我大概数了数，共有 19 个人在看他们的智能小盒子（手机），我在想即便这时有一个裸体女人上车，估计也没有人会注意到她。他们不只是在看他们的苹果手机，他们完全沉浸其中。

当我们的后代不知道真正的血肉之躯是什么样的时候，他们会怎么做？

他们可能不会为此担心，因为他们不习惯看到有血有肉的人——他们会在自己的电脑、iPhone 或 iPad 上，或通过网络电话以及其他尚未发明的玩意儿上看到“人”。我读过的一部科幻小说曾经预言，有一天，由于久坐在电脑前，人类会有硕大的脑袋和短小的腿——不，不用担心，这仅仅是科幻小说而已！

附：我终究还是在本章谈到了互联网，在我坦承它对我来说是怎样的挑战之后，写这本书的过程中我明白了，我们所有人——无论年轻还是年长——都无法忽视社交媒体，我们应该学会包容生活中的一些事物。所以我加了这个版块，也回到了脸书，或者访问了我的博客。

第十一章

需要别人的人

自从芭芭拉·史翠珊于 1963 年 12 月首次演唱《需要别人的人》这首歌以来，她的歌声传遍世界各地。过去、现在和未来都是如此，我们需要别人。

我们都需要人陪伴；我们独自生活便少了许多幸福。你需要来自配偶、朋友、孩子、孙儿和世界的陪伴。你的感受、爱和时间需要与人分享。你需要通过别人的反馈来明白自己是谁，来确定自己被赞赏、需要和爱。

一段时间以来，医生和精神病学家一致认为，我们需要参与并拥有活跃的社交生活方式，不仅是为了快乐，也是为了保持健康。

梅奥诊所发表的一篇题为《友谊：丰富你的生活，改善你的健康》的文章道出了友谊的益处：

> 好朋友对你的健康有益。朋友可以同你共祝美好时光，在你困难的时候支持你。朋友可以让你不再孤单，提供你所需的陪伴。

朋友还可以：

增加归属感和目的感；

提升你的幸福感，减轻你的压力；

增强你的自信心和自我价值；

帮助你应对离婚、重疾、失业或亲人离世等造成的创伤；

鼓励你改变或避免不健康的生活习惯，如过量饮酒或缺乏运动。

我注意到，我认识的退休人士中，许多人在停止工作后不久就开始生病，并且不再与其他人接触。

并不是说他们在工作时总是感觉很好或者从不生病，只是当他们走进办公室，他们的大脑不允许他们感到任何痛苦。他们没有时间总想着这些，所以很快就会感觉好起来。

但是退休后有太多自我支配的时间，他们会感受到自己身体的每一点点不适。

很高兴不必在每天上午 9 点准时到达某个地方，晚起床是我非常喜欢的一件事。在下雨的早晨望着窗外，看着新闻，品着咖啡，我尽情享受着无须出门的快乐。但我也知道，如果我与他人没有多少接触，我会感觉不舒服甚至沮丧。但是，我不会容许这样的事情发生。在我不需要做志愿工作或与朋友见面的日子里，我会专程出门，即使只是去趟邮局，或者在家附近散散步，最后在餐厅喝一杯葡萄酒也好。如果还能和别人聊上一两句，回家时我感觉会更好。

有那么一段时间，老年人一般都与成年子女共同生活。我记得，我第一任丈夫的祖母就和他们一家人生活在一起。她帮忙做家务，熨衣服，准备晚餐，最重要的是，她一直为孩子们操劳。在这个家庭中没有脖子上挂着钥匙的孩子——在照顾孩子上，谁比祖母更好？当然，祖母是独一无二的！

今天，这种联系被打破了，我们不得不找到新的方式来保持联系，不仅对于我们的家庭如此，对于整个世界也是如此。这并不容易。对于某些人来说，这可能是完全不可能的，结果就是他们躲在家里，一段时间后就不敢外出了。

和我住在同一栋楼里的一位女邻居曾经非常健谈、有趣，但随着时间的推移，她变得越来越沉默寡言，很少说早上好。现在她甚至都不说话。大楼里的一个门卫告诉我，他们没有看到她外出，也没有看到任何人来看望她。

前几天我去取邮件，恰巧她也要取。令我惊讶的是，一个年轻女孩正在和她说话，告诉她如果想去的话，明天可以接她去参加一场音乐会。

“我去不了。”老太太回答道。

“为什么去不了？”女孩问。

她犹豫着说：“我已经有约了。”

不，她没有。年轻女孩不相信，但无法改变她的想法。这个年老的女人失去了与外界的联系，取邮件是她唯一与外界接触的机会。

也许这是一种极端情况，但是当你环顾四周，很容易在街上找出寂寞孤单的人。他们低着头，走得很慢，不看任何人，常常推着购物车。对于这些人中的一部分人来说，找到新朋友并建立新的联系可能为时已晚，但对于其中许多人而言，还是有机会让自己再次融入这个世界的。

第一步是与朋友保持联系。不要总是等朋友给你打来电话。如果你有一段时间没有收到朋友的消息，也要主动打电话给他们。我母亲常说：“如果你总是等你的朋友打来电话，你有一天就会没有朋友。”我与居住在罗马的玛丽莎的友谊印证了母亲的话，她说：“如果不是因为你，我们早就不会有联系了，因为我不善于跟进。”我很高兴是因为我，否则我会错过我们每月的电话交流，这让我们保持联系，我对此非常期待。

独自一人的时候，我会想起几年前丧偶的朋友伊莱恩的话：“现在你不要拒绝任何邀请，这非常重要。这样你会远离伤心地直至找到自己的道路。”她是对的。无论什么我都去尝试，即使有些并不是我喜欢的。我真正想要的是握住皮埃尔的手，我花了一些时间才最终相信，这不会再发生。而且，我外出时，常常听不到周围人说的话，但与其他人待在一个房间，总比我独自在家默默无语要好。

让人开心

很偶然的机会，我找到了一种与陌生人相处或开始交谈的方法，很容易而且很有效——因为每个人都喜欢被恭维！

如果你花一点时间仔细观察你所看到的人——在商店、公共汽车、电梯或餐厅——你可以找到一些赞美他们的方式。当你对完全陌生的人微笑着说“我喜欢您的衬衣”时，你会惊讶于这样的话对陌生人所产生的深刻影响。

我们总是赶着去某个地方，忙碌的生活节奏让我们几乎感觉不到彼此的存在。在街上我会注意到双腿修长、穿迷你裙的年轻漂亮女孩，而那些与之擦肩而过的男人却无动于衷，甚至没有看她第二眼，我很高兴我真的年轻过。当时男人们都会在意女人，赞美女人是他们最擅长的，而今却不是这样！也许是碍于有关性骚扰的新规定。谁知道呢？今天通常是女性恭维女性。

当你第一次尝试恭维别人时，不要被他泰然的面部表情所阻碍；当你说他们看起来很漂亮或者夸赞他们漂亮的手提包时，他们会变得温和。如果有足够的时间，你将听到对方是何时、何地以及如何得到这个漂亮手提包的。

一天早上，我走进电梯，轿厢里的一对年轻夫妇没有以任何方式和我打招呼。他们只是站在那里，看起来很严肃。电梯到达一楼大厅，那个女人走出电梯，我低头看到了她的鞋子。那是双精致的黑绒面五英寸高跟鞋，有很多镂空和流苏。走在她身后，我忍不住说：“哇，你的鞋子真漂亮。我真的很羡慕你能穿着一双这么漂亮的鞋子走路。”

她转过身，我觉得她像完全变了个人似的，脸上露出灿烂的笑容，回答说：“谢谢！您觉得这双鞋漂亮吗？”她大笑起来，指着停在路边的车继续说：“不过您搞错了，这双鞋我根本穿不来，穿着它我只能勉强走到车边。”

她好不容易走到车旁，对我挥手告别；我们都开心地开始了各自的一天。

如果我还没有说服你，那让我们换个角色。想想当有人对你的外表、穿着或所做的事情表示赞赏时你的感受。你甚至可以回家告诉你的丈夫："猜猜怎么样？今天早上在超市里有一位女士夸我的发型来着。"

是的，受人关注和赞美的感觉很棒，令人振奋，会提升你的自我意识，让你感觉更好。那么为什么不投桃报李，承认别人的好，让他们知道你欣赏他们，让他们觉得自己很特别？

第十二章

镜子，墙上的镜子

谈到外表，镜子真的是你最好的朋友，一个你可以信任的朋友，总是说实话，不偏不倚，从不批评或恭维你。

我们今天所看到的镜子是由德国化学家尤斯图斯·冯·李比希于 1835 年发明的。但人类想看到自身模样的需求与渴望可以追溯到 8000 年前的安纳托利亚，当时的镜子是用研磨和抛光后的火山玻璃制成的。

是什么促使我们想要看到自己？是我们想要与其他人进行比较？或是一种自我肯定？又或是我们希望确认自己最美的虚荣心所致？不管什么原因，我们都无法想象没有镜子的生活。

一天，坐在我家门前人行道上的一位无家可归的老人拦住了我，我觉得他想讨钱，于是我弯腰想给他几美元。

“谢谢，我不要钱，您能不能给我一面镜子？我很久没有看到自己的样子了。”

我的第一反应是镜子无处不在。但当我环顾四周，我惊讶地发现周围居然没有公用镜子。商店橱窗无法让人看到真实的自己，而有镜子的地方通常不会欢迎无家可归的人。

当我把专门为他买的镜子递给他时，他端详了自己很久，然后，小心翼翼地把镜子放进口袋，微笑着说：“上天保佑您！”

我觉得很幸福。他刚刚给我上了一课：如果看不到自己，我会有多么脆弱和失落。

优雅老去

不幸的是，随着年华逝去，你通常不会变得更漂亮，而且为了让你看起来不错，你通常需要付出更多的努力，有时甚至很艰辛。我称之为“拉伸、染色、漂白、提升、美黑和刺激”阶段。你锻炼身体，染发，美黑，漂白牙齿，去除褐斑，花钱注射肉毒杆菌毒素，或做整容手术，如面部拉皮等。

你尝试过整容吗？我不介意让我的部分皱纹消失，但我害怕手术刀，而且我答应过皮埃尔永不整容，因为他爱我自然的样子。但是他已经不在了，有时我问自己是否还要信守对他的承诺。

“很容易看得出来，她整容了。”女人们会这样窃窃私语，议论其他女人。确实，许多人整过容。但如果没有效果，为什么还要做呢？也许整容效果非常明显是因为整容医生似乎有一个适用于大多数妇女的模型。这就是娃娃脸型，脸颊圆润上提，眼睑几乎不动，嘴唇丰满，富有光泽的肌肤紧紧地贴在骨头上。但话说回来，一个漂亮的娃娃比一个布娃娃更好。

正如我说的那样，我害怕手术刀，尤其在帮助我的朋友艾莉挨过颈部提升手术后，我感到更加恐惧。手术时间比预期的要长很多，我去接她时，发现她待在一个光线黯淡的恢复隔间里。

“哦，天哪，她怎么了？”我想。她无法说话，因为她的脸从下巴到头顶都被裹得严严实实。她在呻吟，我问她疼不疼，她点点头，用手示意我去找医生。医生过来问：“怎么了？”艾莉忍着痛告诉医生她非常疼，医生回答说：“好的，我会再给您开一些止痛药。”

我们坐了一会儿，等她感觉好些。在我们下楼去打出租车时，我一直在担心如何才能把她送回家。

接下来的两天，她和我待在一起。大部分时间她都很痛苦。

“如果早知道会像现在这么难受，我永远不会做这个手术。”她说。

整容中心

“您年轻过吗？”

她需要几个星期才能康复。那段日子里，她晚上不得不戴着下巴护套。但经历过那么长时间的折腾以及所有的痛苦折磨，她的脖子看起来比我的漂亮多了。

比比我和艾莉的脖子，我真的不再喜欢我的了。

我每隔三个月要找针灸师做一次循环系统疏通，有一次我去看针灸师的时候，问她是否可以对我的脖子做些什么。

“不，针灸不管用，您听说过热玛吉紧肤吗？”

我研究了一下。热玛吉主要通过使用射频能量收紧皮肤中的胶原蛋白，从而去除皱纹和细纹，使人整体看起来更年轻。它以一次性治疗、无痛、几乎没有恢复期为卖点。

我去五十七街找医生做了一次咨询。他解释说，这个治疗过程大约需要两个小时，不过并不是立竿见影的，几周后，我才会看到效果。

完成热玛吉后，我发现医生告诉我的是真的。大约一个星期后，我的皮肤看起来更健康，更饱满，我的脖子也更好了——但不如艾莉的好。“没有付出，没有回报”是真知灼见！

另一种选择

很多年前，我在《时尚》杂志上读到一篇关于卡罗尔·德·马吉奥的文章。虽然卡罗尔只有30多岁，但她的丈夫认为她早衰，所以她开发了一个名为“面部肌肉运动操”的课程。你经常锻炼身体，对吧？为什么不试试锻炼面部呢？用卡罗尔的话来说就是：“肌肉是需要锻炼的。”

脸部有44块肌肉，她的课程计划是每天两次进行14项练习。通过锻炼肌肉使皮肤收紧，加快血液在脸上循环，让皮肤看起来更清新，肌肉更加紧致。

拜读完这篇文章之后，我买了DVD并且从那时起就开始练习，我相信，锻炼已经减缓了我肌肉衰老的速度。当然，这和所有运动一样：你必须坚持下去才能有成效。我怎么知道的呢？因为有时候我会中断一个星期左右的锻炼，于是我会看到后果。这个锻炼每天只需坚持 15 分钟，无须注射、动刀或承受疼痛。

也许面部肌肉运动操是你想要研究的东西。它的价格又如何呢？一张 DVD 大约是 50 美元，如果是书则更便宜（如果你有 DVD 的话，我甚至认为书不是必需的）。

不管怎么说，只要我们不想，我们就可以不必满脸皱纹，我感觉这真是太棒了。是的，我们都听说过皱纹让我们的脸显得有个性——或者说我们已经给自己挣到了皱纹——但问题是，上天难道不能给予长寿老人比皱纹更好的奖励吗？

由于现代社会狂热地崇尚减龄，我们很难远离或无视这种时尚，因此我们每个人都有过整容的想法，而且有些人怀着极大的勇气进行了尝试，他们现在看起来的确至少年轻 10 岁。

我的一位同事整完容后，获得了意外惊喜。

“你知道吗？我成功整容后，居然有年轻人追求我。我简直不知所措，有时我觉得我都可以做他们的母亲了。”

“不要管这么多，”我说，“好好享受你的晚年生活吧！”

她从没有告诉我她是否接受了我的建议！

不是只有 60 多岁的女性才能进行面部拉皮和矫正。许多女性未雨绸缪，年纪轻轻就开始整容。

“我刚注射过肉毒杆菌毒素。”我的邻居前几天在大厅里偶遇我时告诉我。她只有 40 岁。

“肉毒杆菌。”

“您还年轻，真的不需要。”

“我当然需要。我不能忍受额头上的这些线条，更不用说眼睛周围的小细纹了。我做了手术难道不好看吗？”她问道。我点点头，想着：当她到我这个年纪的时候会怎么样？经过多年的治疗，她的皮肤会怎么样？如果完美当然是好事，但如果处理不当也不一定是好事。

我不知道我是否会做面部拉皮手术。也许我可以忍受岁月带给我面部的个性化变化，但是当有一天我的“魔镜，魔镜”不再向我展示我想看到的形象，我很开心我还能有其他选择。

你是否考虑做整形手术呢？如果是，你要尽可能多地进行研究和查询。上网查找资料，咨询不同的医生。记住，你可以得到的最好参考，应该来自一位做过整容手术并且效果很好的女士。询问她整形医生的名字，并咨询相关医生。

多莉·帕顿在采访中被问到是否做过整形手术时，她笑着说：“做点拉皮没有错！”

她看起来很漂亮！也许我们该问问她的整容医生叫什么名字。

第十三章

享受你的吃喝

“哦，我真不应该多吃，但它们实在太好吃了。”莫妮卡边说边拿起第二块饼干。

“这只是第二块，为什么不可以吃呢？”我问。

“我在努力减肥，你知道我的胆固醇高，我必须要当心。”

我们多数人都需要（或被洗脑之后认为需要）吃得健康。如果你和我们一样，那么，食物已成为你的禁果。毫无疑问，你的肠胃不像过去那样好，你可能要注意你的食量，或者要考虑你的胃和动脉是否还可以承受。

最近我朋友的朋友亨利过生日，晚宴上，我目睹了人们如何小心翼翼地应对胆固醇，但我并不认同这样的做法。亨利的 24 盎司牛排端上来时，他从口袋里拿出一个小盒，然后取出一片药。他对我们解释说：“我胆固醇高，你们知道的。”然后吞下药片。“现在我可以享用我的牛排了。”他补充道，然后开始大吃起来。

马克一家注重身体锻炼，避免油腻食物，几乎不吃肉，不喝咖啡、不喝酒，习惯良好。他们告诉我，年轻时如何关照自己将决定老龄时的身体状况。我确信他们是对的。听着他们的话，我真的很想知道为什么我的身体还能这样好，因为我在他们这个年纪的时候做了所有错误的事情。

无论我们是待在家中，还是周游世界，我们什么都吃，从不问是否对我们有好处，我们只是享受。我们喝葡萄酒，晚餐前喝点马提尼。在西班牙度假时，西班牙干邑白兰地有助于消化，也让夜晚的星星更加明亮。真有趣！

我不知道今天的年轻人是否喜欢他们的食物和饮料，但我无法想象绿茶对你来说能和一杯葡萄美酒相提并论。

水的重要性

哦，我仍然爱喝葡萄酒，但我已经了解到水对我的身体、皮肤和消化系统的重要性。明白这些并不是说我喜欢喝水，但是，只要我还记得，我就会喝水。

每次我去儿子家，我的儿媳在我进门后都会递上一大杯水。有时，我希望它是葡萄酒，但递来的永远是水。还记得吗？他们一家有着健康的生活方式。杰尼，那个和我共过事的女孩，她也不喜欢喝水，她说过："如果上天想要我们喝水，他便会赋予它一些味道。"

但是这个障碍已经克服了。软饮料行业现在为我们提供了许多不同口味的水。所以我因为没有味道而不喜欢喝水的借口不再有效。

健康……还是快乐？

多年前，我的第一任丈夫雅克和我来到美国时，食品在美国并不是一个重要的话题。"神奇"面包是唯一的面包品牌，难以下咽。我们习惯了法式长棍面包。来美国前，我们一直生活在巴黎，雅克的故乡。

茱莉亚·查尔德主持的电视烹饪节目是改变我们今天做饭和吃饭方式的第一个突破，她沙哑的嗓音甚至对孩子们也有吸引力。那是我当时年仅 3 岁的儿子最喜欢的节目，虽然他当时还不理解布吉尼翁牛肉的意义。

今天，杂志上充斥着各种食谱和建议，教人们如何烹饪以及吃什么来保持健康。电视上的许多烹饪频道都在争夺你的注意力。按下遥控器按键，我能看到一个又一个频道播放着美食节目，我不禁要问：难道我们是刚刚才发明烹饪的吗？

成千上万关于如何保持健康并成为百岁长寿老人（今天在美国有成千上万的百岁老人）的书籍、文章甚至工作室，似乎永远不会忘记我们，就像烹饪频道一样。我相信它们都会提供很好的建议，但我想要告诉你的是，一些我认识或听说过的人，他们没有遵守这些规则，也非常长寿，并且以自己的方式快乐地生活着。

一位法国电视记者采访了两位姐妹，她们在法国北部的一座小镇开了家美容院。两姐妹中的妹妹 92 岁，姐姐 94 岁。当被问到为什么她们还在工作以及如何做到保持良好体形时，一位说：“别的我们还能做什么呢？坐在家里，看电视，酗酒？”

“是什么让你们长寿？”采访她们的年轻人问。

两姐妹面带狡黠的笑容看着对方。其中一人指着一瓶人头马（一种广受欢迎的法国干邑）说：“因为每天晚上睡觉之前，我们都会喝一杯！”

已经 80 多岁高龄的芭芭拉一边往碗里又加了几勺冰淇淋一边说：“我觉得我现在已经够老了，我有权利吃任何想吃的东西而不必再担心它对我来说有多不好。”

我的朋友玛丽莎的母亲安吉丽娜住在罗马，刚刚 104 岁。她除了偶尔吃点安眠药，拒绝吃任何药。她仍然喜欢什么就吃什么，从不忌口，包括小酌一杯葡萄酒。

皮埃尔的母亲玛丽（比利时人）热爱生活，特别喜欢美食和饮料。像大多数比利时人一样，她以喜欢美食而闻名，她是最真实最纯粹的人。78 岁时，她心脏有点问题，被告知不要喝酒，绝对不可以吸烟，而这些是她自 14 岁以来一直保持的习惯。她听从了，停止了每天晚上喝香槟的习惯，把香烟也戒了。但生活再也不一样了，她感到沮丧和压抑。有一天晚上，她再也无法忍受五年以来的禁忌，便打发外孙安德烈给她买一瓶香槟和一包香烟。

“啊，谁把奶酪都吃了？”

“您确定吗？”他问。

“从来没有像今天这样确定，”她说，“我知道我会死，但在死之前，我不想错过我的至爱。”

她又活了10年，享用着香槟，抽着烟。也许她明白了我们到目前为止还没有明白的道理。那篇题为《每天饮用香槟有助于预防痴呆症和阿尔茨海默症》的文章给了我希望。

在希望与困惑交织的新闻中，科学家们发现每天喝三杯香槟有助于预防阿尔茨海默症和其他形式的痴呆症。他们还在用于制作起泡酒的两个葡萄品种——黑皮诺和莫尼耶皮诺中发现了一种化合物，它可以抵御脑部疾病，增强空间记忆。

杰里米·斯宾塞教授在雷丁大学用小白鼠进行了一项实验，他告知《星期日邮报》，实验结果是激动人心的。他接着说：“这项研究令人兴奋，因为它首次表明适量饮用香槟可能有益于增强记忆等认知功能。”

进行这项研究的人员现在希望继续推进研究，将实验对象锁定为养老金领取人。同时，阿尔茨海默症协会的发言人将实验结果描述为“有趣”，但他补充说“需要进行更多的研究”。我们手拿酒杯，期待更多的好消息。

我认为生活如果没有乐趣，没有一丝快乐的涟漪，是一种质量低劣的生活。如果一块奶酪、适量的干邑白兰地或香槟是你可以拥有的所有乐趣，那么即使生命可能因此而稍稍缩短，也是值得的。

伍迪·艾伦曾经说：“如果你放弃所有让你想活到百岁的东西，你就可以活到百岁。”

在德国，我发现了一个1880年的古董瓷盘。多年来它一直挂在我家的厨房，上面的一句话是对生命最好的总结：

最好的医生是你的自我节制。

第十四章

塑身达人

如果你认为你可以减点多余的体重，请考虑这个问题：你真的想变成皮包骨吗？这意味着你的脸上会有更多的皱纹。或许你愿意少点皱纹，但腰部多出几磅？这是一个艰难的选择，通常只有上了年纪的女性才需要面对，因为年轻女性一般身体任何部位都没有皱纹。

想检验我的话是否正确，只需看看微胖女性的脸。你看到更少的皱纹了吗？现在，看看你刚才羡慕的苗条女人。除非她“做了点什么”（正如上文所说的那样），否则她脸上将会有更多皱纹。

那你究竟是为了什么？如果你想瘦一点，那么让我为你介绍一篇《美国退休人员》杂志发表的文章，它讲述了我们生病或需要手术时身体多几磅的优势。该文表示额外的体重会给身体增加更多的能量和动力。这不仅是一种激励，让我们不要太瘦，更让我们获得吃第二块曲奇饼干的许可。你觉得怎么样？

保持纤瘦的十条戒律

我们家族的女性通常都不苗条，比较丰满，包括我自己。我开始做模特的时候，体胖是个问题。我坚持节食，吃得很少。这很难，因为我喜欢吃。有时，我甚至觉得只要看一眼食物就会让我的体重增加。

我终于苗条得可以穿上为下一期拍摄准备的衣服，但是我从来没有达到那种弱不禁风的模特外形。由于我不够瘦，我经常会因此错失一些工作机会。

在这个被剥夺享受美食的时期，以及后来我虽不再做模特但也并不想再次变得丰腴时，我总结出了我的“塑身十戒律”。

这不是一种复杂、令人生畏的节食方法。它只需要常识，如果应用得当，不会有不良后果和挫败感，也不会让你因为享用第二块曲奇饼干而感到内疚。最重要的是，对你的健康无害。如果照此去做，你将收获很好的效果。（之前我已经说过，但重复提醒无妨。）

1. 永远不要说“节食”。相反，从“适度”的角度思考。节食会让你觉得自己像个异类，当你说自己在节食的时候，每个人都会更关注你的体重。奥斯卡·王尔德说：“什么事都是适度为好，也包括自我节制。”

2. 永远不要不吃饭。是的，你必须吃早餐才能保证正常的新陈代谢。如果错过了一顿饭，你会感觉非常饥饿，下一餐时可能吃得更多。

3. 切勿同时吃开胃菜和甜点。退而求其次，从中只选一种。

4. 永远不要说“再来一份”。无论多么美味，如前所述，适度是很重要的。

5. 不要在两餐之间吃东西。零食小吃最终会转化为额外的体重。

6. 减半饮食。导致体重差异的原因不是你吃什么，而是吃多少。

7. 烹饪时不要吃东西。当然，你应该品尝你正在准备的食物，但不要经常品尝或吃太多。否则，它会和你稍后多食产生一样的后果。

8. 只有在你饥饿的时候才进食。或许现在是吃饭时间，但如果你不饿，就不要吃饭。不要让时钟决定你的饮食习惯。

9. 记下你吃的东西。许多人说“我吃得不多”，但把你吃的食物全部记录下来，可能会让你大吃一惊。制成表格会告诉你如何减少卡路里。

10. 规则没有例外。不要找破例的理由。是的，这些借口很容易找到：

“今天是周末。”

“我不开心。”

“我感到孤独。”

“我应邀去吃晚餐。”

“妈妈来看我。”

“我有个生日聚会。”

“圣诞节到了。”

我并不是说永远不会有例外，但破例应该留给非常特殊的时刻。一旦你某天吃多了，第二天想少吃会更难。

最重要和最有效的戒律是第6条：少吃。

众所周知，在法国，超重的人很少。他们的秘密是什么？吃得少！我还记得我第一次到我未来丈夫位于法国的家的情形。我母亲陪我一起去的，当我们坐下来吃饭时，桌子后围坐着九个人。每顿饭总有几道菜，从开胃小菜开始。

纳迪娜，我未来的婆婆，端上一个大平盘，中间有一块小小的、方形的（6英寸 ×6英寸）的肉酱。我看看它，然后看看我的母亲，我知道我们都在想同样的事情：对于这么多人来说肉酱的分量太少了！

结果肉酱不仅够了，而且每个人享用后还有剩余。这是我在新国度的第一堂烹饪课：大盘子，小份菜。

减去几磅赘肉并使体重不再增加将会让你：

感觉精力充沛；

感觉更自信；

你的衣服会更合身；

打造新衣橱会更容易；

你永远不必再说“我正在节食”。

最后，你会更喜欢你自己！

第十五章

化妆：简单就是美

我仍然记得化妆让我感觉自己很迷人的时光。相比之下，今天我得非常小心地化妆，避免凸显皱纹。放大化妆镜可以为（尽可能地）避免这种情况出现提供最大的帮助。

加强型皱纹

哦，相信我，有些日子我宁愿不去看放大化妆镜，因为它彰显了每一条细纹和每一块色斑，无情地突出了昨晚派对留下的黑眼圈。有一天，面对我的放大化妆镜，我看到了我夸张的皱纹，我情不自禁地说："哦，不要再看了！"不过我想到还没有人看到我被放大的皱纹时，心里感觉稍好。当我把镜子转到正常的一侧时，我很高兴地看到我所有的皱纹都变细小了！

通过放大的镜面，可以将化妆品涂抹在正确的位置，不会太少或太多，而是刚刚好。我认识的一位女士告诉我，她把她的镜子放一边去了，因为她无法忍受看到自己的模样——好可怜。原本只需几分钟的痛苦，她的睫毛膏就会好好地出现在她的睫毛上，而不是在她眼睑的一半处，而且她还会发现她两个眉毛的形状不一样。

我不是美容师或化妆师，但我认识到，即使岁月不断增长，我的化妆也必须不断减少。我相信我们所有人都听到过"简单就是美"的说法，但也许有的女人并没有听到过？否则，为什么她们会让妆底深入皱纹而让皱纹更明显？

足够犀利！正如我所说，我不是美容师，我只是在分享我生命中迄今仍有效的经验。

好皮肤

能够继承母亲好皮肤的女性是幸运的。但如果你没有，你仍然可以做很多事情以拥有健康的皮肤。首先是保湿，然后还是保湿。我不停地在脸部和身体上涂抹保湿霜。有时我觉得我的中间名应该叫“保湿霜”，因为当我起夜时，特别是在冬天空气干燥的时候，我会在再次入睡前把保湿霜涂在脸上，而它就放在我的床头柜上。

如果你不起夜，有一种简单有效的方法依然可以让你在睡觉时保湿。几年前，我第一次看到粗细不一的眼纹时，顿觉心烦意乱——那是什么？我在想，它们是从哪里来的？不，这不是我！还不到时候！我和同是模特的朋友科利尼分享了我的痛苦。

“你卧室里有加湿器吗？”她问。

“加湿器？没有，那是什么东西？”我问。

她解释说加湿器可以保持皮肤湿润，防止干燥，于是我买了一个，真的有效。从那以后，没有加湿器我就不会睡，特别是冬天开着暖气、空气干燥时。我在睡觉前大约两个小时打开它，让干燥的空气有时间变得湿润。第二天起床时，我会感觉皮肤光滑。

不睡觉时，最好的滋润方法是全天坚持喝大量的水。人体内的水量为50%至75%。如果低于这个数值范围，它就会影响你皮肤的柔软和光滑。

保湿可扩展到你的身体。每次淋浴或沐浴后使用保湿霜都会让你感觉全身皮肤柔软。很多女性的保湿都止步在颈部。这样不对，你的前胸也应该保湿。它和你的脸一样重要，所以使用保湿霜时，要把它也纳入到你的保湿步骤中。

晒 黑

你可以为皮肤做的最好的事情就是让它远离阳光。年轻的时候应当如此，现在更应如此，因为你的皮肤比过去更敏感、更薄透。任何年龄都不建议进行日光浴。然而面对皮肤科医生关于日光浴可能引发皮肤癌的警告，这个世界上大多数人仍希望把自己晒黑。

曾经有一段时间情况恰恰相反。19 世纪，上层社会的妇女使用遮阳伞，穿长袖、戴帽子，防止太阳晒黑她们白皙的皮肤。但是，20 世纪 20 年代，法国时装设计师可可·香奈儿在法国里维埃拉度假时不期之中晒黑了皮肤，让这一切都发生了改变。她回到巴黎后，粉丝们喜欢她的样子，我们知道的棕褐色就此诞生了。

工业革命发生在 18 世纪和 19 世纪，当时欧洲（和美国）的农业社会正经历工业化和城市化，晒黑意味着你可以负担得起在阳光下度假的奢华生活方式。

帽子——修饰还是防护？

人们戴帽子有很多原因——仪式、宗教、安全、时尚。但是与太阳有关时，只有一个原因——保护脸免受有害射线的损伤。除了这个实用的目的，帽子还可以发出时尚宣言。没有什么比戴着宽边草帽更讨人喜欢了，如果再配上一副时尚太阳镜，宛然就是电影明星的样子。

但如果你觉得戴帽子热，遮阳伞是一个很好的替代。大多数出售休闲装备的旅游商店都出售遮阳伞（太阳伞）。遮阳伞不仅遮住头部，还可以遮盖上半身，让你感受微风的清凉。不要试图使用雨伞遮阳，因为制作雨伞的织物会吸收更多的热量和太阳光线。

晒黑的欲望经常被推到极致。非常深的棕褐色会让人显老，粗糙的皮肤也是如此。为避免这种情况，你不应该在没有防晒措施的情况下待在户外，防晒成分是如今大多数保湿霜和粉底中都有的成分。

今天，海滩和泳池畔仍然充斥着太阳崇拜者，他们将自己的身体暴露在破坏性的光线中数个小时，他们时不时翻身的样子，会让我想起烤肉。当一个女人光着上身、袒胸露乳时，你能想象我想到了什么——单面煎还是双面煎？

遗憾的是，袒露上身的女人并非总是长有一对美乳。我记得马克 7 岁时我们在西班牙马尔贝拉度假，这里是德国和英国度假者热衷的度假胜地。有一天，沿着海滩散步时，马克突然停下来，盯着两个晒日光浴的女人看。她们光着上身，丰满的乳房不仅享受着阳光，还享受着放松的自由！

“别盯着，过来！”我说着，拉他离开，但他的头仍然不自觉地会转过去。这是他第一次看到裸露的乳房，终生未忘。

我正在偏离晒黑的主题。我喜欢黝黑的皮肤。我不喜欢我苍白的皮肤。由于太阳不是我的朋友，我找到了另一个朋友：一个非常好用的美黑产品。它的效果不错，我经常被问到：“哦，您在哪里晒黑的？”没有人知道我只是借助一管化妆品而已！

市场上有许多知名化妆品公司出产的美黑产品都可以让你变黑。我使用采婷的日光美黑霜（轻度到中度美黑）。淋浴后擦干皮肤，进行涂抹。每周使用一次足以让我获得想要的棕色。

第一次购买时，请注意选择最适合你皮肤的色度（有适用于各种皮肤底色的色度），如果有疑问，请从较浅的色度开始。不要过量使用，最重要的是，要像用保湿霜一样均匀涂抹。只要按照说明书正确使用，你会看到你的皮肤散发出可爱的光芒。

粉底和遮瑕膏

粉底和遮瑕膏在你脸上产生的效果，就像连裤袜为腿部塑形的效果一样。

这些产品巧妙掩盖了瑕疵，使它们免于暴露。我在眼睛周围使用遮瑕膏遮盖我的褐斑。然后，用软毛刷轻轻将矿物粉底涂抹在脸上（这种产品一般也含有防晒成分）。如果用手轻轻涂抹，它会让你看上去像没有擦粉一样，而看得出擦粉的妆容无疑已经过时。固体粉底不会像液体粉底那样突出皱纹，因为液体粉底会浸入皱纹，使皱纹更加明显。

我外祖母晨妆的最后一步是给鼻子擦一点点粉——只是鼻子。“一个闪亮的鼻子显得档次比较低。”她解释道。

我喜欢外祖母用的这种粉的味道。它是那种你能想出的最浅的粉红色。她把它放在一个小巧的圆形银盒子里，然后把盒子放在那个兼具厨房、客厅、餐厅功能的房间的柜子上。有时趁她不注意，我偷偷地小心打开盒子，闻着香味，大胆地把我的小指头放进去试着获得一点魔力。今天，那个小银盒子放在我的卧室里。外祖母留下的一些妆粉仍在其中，魔力仍在。

外祖母叫凯瑟琳娜，这个名字符合她既庄重沉着又坚信自己与众不同的性格。她身材高大，胖瘦适中，胸部高耸，身段笔直，大腿修长匀称。她常常整个一周都穿着棉质连衣裙，围着带有大口袋的围裙，里面永远放着一块手帕。她把灰白的头发盘起，每周只放下来洗一次。当她觉得头发需要一点额外的打理时，晚上她会将马油揉到头皮上，第二天早上洗掉。

我确实赞同她关于“一个闪亮的鼻子不怎么样”的看法，但直到今天，我还没有尝试过在头发上涂抹马油过夜。我仍然想知道：它对头发真的好吗？

眉　毛

想想琼·克劳馥或奥黛丽·赫本。眉毛是她们的标志性特征之一，塑造着她们的脸，并凸显她们的眼睛和额头。

你的眉毛对你来说也是一样，不容忽视。不幸的是，就像头发一样，眉毛也会变白变淡。许多老年妇女试图用厚重的黑色眉笔来矫正这个问题。如果眉笔太黑又没有正确描画，那么深色会让脸部看起来很不匀称，不自然。为获得最佳效果，请使用浅棕色或灰色（非黑色）色调的眉笔，轻柔地向上描，然后用毛刷（再次向上）刷，并擦除任何看似人工描画的痕迹。

由于我的眉毛现在已经淡得看不见了，我开始给眉毛染色。我自己染眉。这很容易，染料在大多数美容用品商店都有出售。然而，我仍然会去美甲沙龙请一个女孩帮我修出眉形，她做得很好。（大多数美甲沙龙都有画眉的专业人士。）

不要自己拔眉毛，因为如果你把眉形拔坏了，即使是专业人士也需要很长一段时间才能修正。

眼　影

如果平时你用眼影，浅色眼影的效果最佳。深色眼影让你的眼睛看起来更凹陷，这是你不想要的效果。最重要的是，避免使用亮闪闪的眼影。你不会希望你的皱纹闪耀，而闪亮眼影会造成这种效果。遗憾的是，找到一个好的亚光眼影并不容易。我向化妆品销售员咨询时，她们总是说："我们没有亚光眼影，很多客户都来问过。"

如果有足够的女性需要它，也许有一天商家会听到我们的呼声？

睫毛膏

几年前接受电视采访时，已故的雅诗·兰黛说："如果你没有足够的时间进行全套化妆，那就涂上睫毛膏（一般都是黑色）和口红。"她是对的，这总比什么妆都不化要好。

上睫毛我只涂黑色睫毛膏。由于我的下睫毛现在有些稀疏，我会在眼睛下方用柔软的灰色睫毛笔画一条细线来弥补，这使它们看起来轮廓更突出。

除非要去游泳，否则尽量避免使用防水睫毛膏。它会使睫毛粘在一起，如果你不立即将睫毛分开，睫毛膏会变干，让睫毛看起来就像蜘蛛腿——你要尽量避免这样的糟糕情形。

口　红

没有口红你会怎么做？它是你化妆盒中最重要和最有用的工具。你是不是经常说“我只想涂点口红”？当你这样做时，你会立刻感觉好很多。你感觉自己完整了，不再缺少什么。

应该选哪种颜色呢？不要使用深红色或非常鲜艳的红色。它们很扎眼，不好搭配，我们需要柔和的色彩。请选用较浅的色调，或使用有色唇彩。

我经常听到这样的问题：“怎样才能让我的口红持久？”长时间保留口红或唇彩确实很困难。一些制造商声称他们的唇膏可以维持 12 个小时，但我从来没有遇到过能够证实这一点的女人。但是，有一些细节还是有所帮助：

1. **擦干净嘴唇**。白天重新涂抹口红或唇彩时，这尤为重要。

2. **轻轻涂抹嘴唇和周围区域**。这样可以防止颜色渗入嘴边的细纹。

3. **用唇刷或唇笔勾勒出嘴唇的轮廓**。唇笔可以画出更清晰的形状，在描轮廓线时保持嘴巴放松并略微张开，从中心开始，逐渐移动到嘴角。建议使用裸色唇笔，它可以搭配任何颜色的口红。

4. **将口红充分涂抹或用刷子刷抹你的嘴唇**。抹得尽量靠里，这样当你说话或微笑时口红颜色看起来很整齐。

5. **等待几分钟以便着色**。然后，用纸巾搌干嘴唇并重新涂抹一层。

为防止干燥和唇裂，随时在手边放支润唇膏。如果你不方便重新涂抹口红，你可以经常用它涂抹嘴唇。它不仅可以防止干燥，还可以防止嘴唇上方的线条看起来更深。

化妆是非常个性化的，每个女人都必须不断尝试找到适合自己的妆容。但当你进入一家百货公司，一个衣着时尚的年轻女孩走近你，微笑着问是否可以帮你化妆时，“买家请注意”。化妆品销售人员肯定会有一些好的建议，但请记住：她们希望你尽可能多购买她们推荐给你的化妆品。不，我并不是阻止你听取专业化妆顾问的意见和建议，因为我相信你会从中学到一些东西，但我建议你只买那些即使在家你自己也能轻松上妆的产品。

如果朋友告诉你一个适合她的产品，请尝试一下。你有什么损失呢？我每次都尝试了，很多时候我很高兴我试过了，因为我从中学到了一些东西。

完善妆容的建议

如果你平时戴眼镜，请在妆化好后再戴上眼镜并检查眼妆。

如果你在浴室或其他光线不足的地方化妆，请靠近窗户并用小镜子检查自己的妆容。你可能会惊讶地发现你的口红颜色太重了，眼影太浓了，或者粉底太厚而显露出更多的皱纹。

涂睫毛膏前最好使用睫毛夹，卷曲的睫毛让你的眼睛显得更大。

如果使用腮红，请当心。一点点是增色，但如果你的脸颊天然是红色，再涂腮红就会显老。我们都见过涂抹太多腮红的老太太——你一定不能成为其中之一！使用腮红粉饼时，要用大刷子涂抹。轻轻蘸上胭脂，涂抹在颧骨上，不要涂在下面，否则它会让你看上去双颊凹陷。但是如果你不想用腮红粉饼，你可以在颧骨上轻轻涂抹点口红并将其抹匀来达到同样的效果。

让你的妆容在一整天都保持良好状态——一天至少补一次妆。

请勿使用过期的美容产品。是的，化妆品也有保质期，产品不同，保质期也不同，以下是一些参考：

粉：两年。

眼线笔：三年。

粉底：水基 12 个月，油基 18 个月。

口红：一年到两年，但如果气味有所改变，请扔掉它——口红应该已经变质。

唇线笔：最长三年。

睫毛膏：四个月。

每周清洗刷子和海绵，防止细菌滋生。

卸　妆

永远不要不卸妆、不清洁面部就上床睡觉。有时我晚上看电视看到很晚，我唯一想做的就是倒头睡去。但在最后一分钟，我会坚持爬起来洗脸。市场上有很多洁肤和爽肤产品，但谁能分辨出哪种产品最适合你？我无法帮到你，因为我从年轻时就坚持用水和肥皂洗脸。洗干净后，我用冷水泼脸大约 15 次，水温和自来水龙头流出来的水一样。我觉得这种洗脸方式是有奇效的：它真的能刺激血管，使皮肤看起来红润和娇嫩。

每周给脸部做一次保湿和敷一次清洁面膜或二选一是另一种保持皮肤清爽的方法。我们有许多不同的选择，你的皮肤类型（干性、中性或油性）将决定你适合哪种产品。购买产品前，请仔细阅读包装上的说明。如果使用后的效果并不理想，请尝试其他品牌，直至看到积极的效果。所有美容产品都有效，你只是需要找到适合你的那个。这真的只需要反复尝试、纠错而已。

我参加过《好管家》杂志关于一个新款保湿霜的消费者试用项目。这个产品含有视黄醇，使用几天后，我的脖子上便出现了红疙瘩和红斑。虽然我不得不去看皮肤科医生并在那里接受治疗，但我的朋友吉赛尔发誓说含有视黄醇的面霜让她的皮肤恢复了活力。正如我所说，如果不去尝试，你永远无法判断产品的效果如何以及你适合哪一款。

当我们变老时，“简单就是美”成为法则，但这并不意味着根本不化妆。

我看到很多年纪较大的女性因为化有淡妆而显得年轻。请永远不要说（我经常听到）“我嫌麻烦”。麻烦点何妨，当你“化点妆”时，你对自己的感觉会好很多。

第十六章

头发：你至高无上的荣耀

把一个人的头发称为其至高无上的荣耀，这种表达已经存在很长时间了。我做过一些研究，想找出这句话的出处，但几无所获。有一种说法是，这可能来自18世纪70年代中后期，当时法国宫廷流行高耸的发髻，有时发髻高度达到脸部长度的1倍到1.5倍。人们想办法垫高头发然后用假发覆盖。1774年，德文郡公爵夫人因在发髻上插上鸵鸟羽毛而轰动一时，更加深了高发髻的影响。

但是，这种表达是否可以确凿地追溯到那个时期，尚无从考证。也许实际情况简单得多。我们之所以这样说，是因为发型就像是你头上的王冠，是人们最先关注到彼此的地方。这是一个使你头发受到特别关注的很好的理由。

不要不修边幅

每个药店货架上都摆放着数以百计的头发用品——用于增厚、拉直、卷曲、滋养和调理头发，恢复头发活力，增加发量，固发和生发，它们应该对你有很大的帮助。但环顾四周，我常常想知道这些产品是否如同承诺的那样神奇，或者有些女性是否尝试过这些产品。如果给予更多的呵护，很多人的头发看起来会更好。不，请不要说“我没时间洗头发”。当然这种情况可能会发生，但多数情况下这是哪件事优先的问题。先别去管那些碗碟——它们今晚仍然会放在那里——去洗头吧。出门看起来很棒更重要，你会有更美好的一天。

没有人看到你厨房水槽里待洗的碗碟，但是每个人都能看到你。

梳理好头发后，不要忘记拿个小镜子看看你的后脑勺。你可能会惊讶地发现那里看起来并不像正面这么好——但这并不是什么难事，用刷子或梳子打理一下就好。

一次错过或推迟的理发也可能是罪魁祸首。理发的间隔时间不要太长。避免这种情况的最佳方法是在离开沙龙之前就预约好下次理发的时间。你可以要求他们在约定时间到来前几天确认你的预约，如果当天不能去，你可以随时重新安排。那样你就不用再考虑什么时候理发了。定期理发对你的头发有好处，会让头发真正成为你至高无上的荣耀！

说到理发，你的头发长短会产生很大的不同。如果你不想看起来像一个老太婆，要避免披肩、长发及背或松散垂落的发型。如果你酷爱长发，可以把头发盘起来或做成发髻。这些都很适合你。

毫无疑问，较短的发型会让女人看起来更年轻。我们无法用飘动的头发来隐藏岁月的无情，它们属于年轻和躁动不安的人群。当然，你的头发长短取决于你的头发类型。浓密的头发适合任何风格，甚至可以很短，因为它总是有厚重感。

前几天我搭乘公共汽车时，坐在一位老太太身后，她那头富有弹性的短发让我看得目不转睛。她的短发很可爱：每一次摆头都会让她浓密的头发动起来，我都不禁有些嫉妒。

像我这样发层比较单薄的，需要把头发留长一些。为了保持发量，我每三个月就要做一次烫发（现在叫大波浪）。你可能会说："什么！烫发吗？没门儿！我妈妈会去烫发，可我不会。"是的，我们的母亲们确实有喜欢卷发的，但大波浪并不一定意味着卷发。如果你不想看起来像你的母亲，你甚至可以留直发，不过大波浪会让发量看起来很多。

如今找到一位能烫发的美发师可不是件容易的事。许多橱窗里张贴着“洗、剪、吹”广告的沙龙并不提供烫发服务。我去过一个沙龙，一个非常年轻的女孩接待了我，当我问他们烫发收费多少时，她看起来很困惑，问道：“什么？”

“烫发。”我重复道。

她仍然不明白我要的是什么。“让我看看，”她说，“请等一下。”接下来的十分钟她都没有出现。

我环顾四周，看到很多女人都穿着很短的裙子，露着大长腿。年轻的发型师在给她们做发型，他们拿着大发梳，用各种方式梳理着她们的长发，让头发变干。

年轻女孩终于回来了：“很抱歉，我们不做烫发了。”她看着我的神情，仿佛我是上古时代的文物。我不得不承认，那一刻，我并不开心。这些时尚美发沙龙真的不再需要我们这样的顾客了？

再回到烫发的话题。如果你考虑做大波浪，去问问你家附近的美发沙龙。它们能满足我们所有人的需求，因为它们没那么“时髦”。我就在家附近找到了我的专用美发师。一位与我年龄相仿的朋友向我推荐了他，四年来我一直是他的顾客。

如果你无法决定最适合自己的发型，或者你想要改变多年以来的发型，可以与你的美发师谈谈。为了让他了解你想要的东西，给他看一张你在杂志上看到的发型照片。这是一个起点，由于你的美发师了解你头发的状况，他也能告诉你他的看法。

就是因为头发的原因，我希望来生做个男人。为什么？试想：不用定型，无须摆弄，不用直发板。一个男人要做的就是洗澡时洗头发，用毛巾擦干，然后用梳子梳一下，瞧！他完事了！而从来没有人对他的头发评头论足，“今天你的头发很好看”。就是“今天”这两个字困扰着我，让我嫉妒。男人的发型可以一成不变，女人可不行。只有当我们完成清洗、摆弄和造型后，我们的头发才会“今天看起来还不错”。

更有甚者，即使男人不再有头发，女人仍然会发现他的魅力所在。这有多不公平！

但既然我是女性，头发就是我的主要挑战之一。我的头发纤细，发量不太多，不像电视上为某款神奇产品做宣传的女孩拥有那么飘逸和富有弹性的头发。有些时候，早晨起身照镜子时，我希望那天我不必洗头，有时候我确实不用洗。我很感谢那些早晨，因为我不需要摆弄卷发筒和吹风机。但一个好的经验法则是当你问“我必须洗头吗”这个问题时，回答是“正确的答案应该是，你需要洗”。

如果你有秃斑（谁没有呢），你可以（在线）购买一个很棒的产品，叫作美发日（Great Hair Day），这是琼·里弗斯系列美容产品中的一款产品。它是一种粉末，从金色到黑色，分为很多色度，使用时用刷子涂抹。它确实可以遮盖任何秃斑，对于染黑色或赤褐色头发的女性尤其适用。

但是，如果你聆听大自然的声音并允许你的头发保持自然白，你的秃斑将不会突显。随着头发变白变稀，它与头骨的皮肤渐渐融为一体。如果你想确认我所说的，那么只需看看满头银丝的女人就可以了！

你的头发是什么颜色的？你到了需要染发的时候了吗？我记得在欧洲生活时，人们说美国没有祖母级的女人，因为那里没有白发的女人！然而当我移居美国后，我发现祖母们有的是，只不过她们非常善于修饰！

我母亲开始染发（她自己染）的时候，她遇到过一些问题，她的头发经历了白色、金色（浅色和深色）或橙色的阶段。有一次，她的头发染成了白色，我们去造访一位邻居，那人家里有个 5 岁男孩儿。让男孩儿母亲诧异的是，小男孩突然间问我母亲：“您很老了吗？”

其实那时我母亲还年轻，但白发显然是老年的标志，哪怕对 5 岁孩子来说也是如此。

幸亏有了露华浓和欧莱雅，你不必在年老之前（或者永远不会）看起来像祖母！

帽子援兵

如果某一天你诸事不顺，或者没有时间洗头，戴帽子或许可以帮到你。

“我喜欢你的帽子。”我告诉与我一起吃午饭的玛丽。

“谢谢你，但我不把它看作帽子，”她回答，“我称它是‘藏密百宝箱’，用它掩饰我糟糕的头发非常管用。”

再次引用我外祖母的话：“如果你的头发看起来很棒，你又穿着漂亮的鞋子，那么其余的部位几乎不会被人关注。”

这是真的！所以尽量避免糟糕邋遢的头发。

快乐的头发？

是的，的确有这样的事情。最近我发现，当我感觉良好和快乐时，我的头发也是快乐的。发型不乱，头发有弹性、泛着亮光。你或许不信我的话，不过当你感到快乐并且一切顺利时，看看你自己的头发吧。

当我告诉美发师我的“快乐头发理论”时，我以为他会笑话我，结果恰恰相反：他表示认同。

“是的，您是对的。我们的客户对某些事情感到沮丧或烦躁不安时，发型最难做。”

请记住，面部是你看到一个人时首先关注到的，为了增强效果，没有什么比一个漂亮的发型更管用的了。化妆和漂亮的衣服都无法弥补发型的不足。

第十七章

快乐的手和脚

手

不得不承认，我手的老化比我脸上的皱纹更让我心烦意乱。也许是因为我整天都要面对它们？为什么现在的静脉如此凸出？以前可不这样。也许是损伤造成的？谁知道，但它们永远留在了那里！多喝水通常有助于减轻凸出的程度，指甲油的帮助也很大。我无法阻止手的老化，但指甲油会转移我的注意力。

“我喜欢您的指甲。颜色很好！”经常有人告诉我，但这不能归功于我，因为我每周都去做美甲。我自己也会美甲，但专业的指甲护理显然要好得多，而且美甲师帮我做指甲时我很享受奢侈和慵懒的感觉。我想我在指甲护理上花的钱多于其他任何美容方式。幸运的是，美甲并不昂贵。我只需支付 15 美元，包括小费。预算紧张时，我会中断其他消费独独保留美甲一项，因为如果我的指甲没有得到妥善保养，我会感到沮丧和烦乱。

我把指甲弄成红色——有时是鲜红色——我试着保持很长一段时间。但指甲不一定是鲜红色或留得很长才好看。你可能更喜欢自然色和更短的指甲。重要的是，它们需要得到很好的护理。

多年前，我第一次去美甲沙龙时，向美甲师抱怨我的指甲有断裂和缺口。

“如果您每周定期修一次指甲，您的指甲就会长得很好。”她说。她是对的。如果我超过一个星期不做指甲的话，总会有甲裂或小豁口出现。

如果你的指甲油开始脱落，变得残缺不全，请去修补或者祛除指甲油，这只需要5分钟。这样，当有人看你的手时，你不必拿开它，说：“哦，我知道我的指甲看起来很糟糕，但我没有时间去做。”

这里有一些简单的步骤，有助于你的指甲保持健康和美丽，并使你的美甲效果保持更久：

1. **双手蘸水时戴上橡胶手套。**这是我们都明白的道理，但我们很少有人坚持这样做！

2. **用刀子而不是指甲拆开包装。**当我费力地打开食品、清洁用品和许多其他东西的包装或盒子时，我经常诅咒设计它们的人。他或她显然没有指甲，否则不会设计出这么难拆的包装，更糟糕的是，他们没有为有指甲的人着想。

3. **在吸尘、除尘或做简单清洁时戴上一副棉手套。**它们可以防止污垢进入你的皮肤并被吸收，对指甲生长造成负面影响。

4. **洗手后务必使用护手液，轻轻按压角质层。**凡士林是一种优质且平价的护理产品。

5. **离家时，请携带指甲锉方便随时处理毛边。**如果不及时处理，一个非常小的豁口都可能会造成指甲断裂。

6. **随身携带指甲膏，每隔一天涂抹一次。**这将使你的指甲光亮持续更久。

英国诗人伊迪丝·西特威尔曾说：“我的手就是我的脸面。”

她不是一个外表美丽的女人，她选择了一双手为她发声。幸运的是，我们大多数人不必做出这样的选择，但是一双精心护理、修剪齐整的手总能为你增辉。

脚

脚是身体中容易遭到厌弃的部位。你会不自觉地忽视它们，直到它们出现问题。当拇囊炎或其他疾病提醒你的脚是多么重要时，你才会关注到脚。

给予脚一些关爱吧，千万不要等到脚有麻烦时，才想起它们的存在。请至少每月修一次脚，而不仅仅在夏季。我每月厚待我的脚一次，我真的很期待有人关照我的脚——多么刺激！护理过程中，增加 20 分钟的腿部按摩让人完全放松，而这对血液循环（以及那些讨厌的小静脉）非常有益。

许多沙龙周一和周二都有特价。通常情况下，修手指甲和修脚的花费约为 29 美元，按摩额外花费 12 美元。考虑到小费，总价约 50 美元。如果你牺牲掉一次与女友共进午餐的机会，你完全可以负担得起。

而且你的凉鞋也很乐意与光滑的脚后跟和修剪整齐的指甲为伴。

找到合适的鞋子避免挤脚非常重要。这并不总是那么容易做到，但遵循这些建议可以让你更容易找到舒适的鞋子：

下午买鞋。下午更容易买到合脚的鞋，因为早上你的脚还处于休息状态。

不要听从销售人员说的“撑撑会让鞋子变大”的建议，它很少起作用。从你穿上鞋的那一刻开始，它们应该就是舒适的；如果不是，就不要买。

在商店里穿着鞋走来走去。试着找一个没有地毯的地方。这是你能了解穿鞋在街上行走时的感受的唯一方法。

要快速适应新皮鞋，可以在鞋里灌满温水。三十秒后把水倒空，然后穿上鞋直至干燥。这个过程将使鞋子变柔软，并有助于使鞋子适应你的脚形。

时不时在家穿一两个小时的高跟鞋，这样你就能保持穿高跟鞋行走的能力。

第十八章

漂亮永不落伍

希望我当形象咨询师时的经验对你也有所帮助。多年来，我与许多女性一起努力改善她们的衣橱摆设、提升形象，正如你在第八章所了解到的，今天我仍在“无底衣柜”担任志愿者。

永不放弃做最好的你

最近我和住在卢森堡的朋友丽迪娅谈话时，我问她女儿的婆婆丹尼过得怎么样。（她和丽迪娅同岁）

“哦，很好，”她回答道，“她不会轻言放弃。现在她看起来很不错。你能想象吗，她还穿着高跟鞋，享受随之而来的一切！”

让我惊讶的是，丽迪娅很清楚为什么丹尼的状态这么好，因为她没有放弃。这就是秘密所在：当你想要好看的时候，你不能放弃做到最好。没有什么比合适的衣服更能帮到你。合适的着装可以扬长避短，让你看起来更年轻，更高挑，更苗条，更性感。最重要的是，如果衣服显瘦修身，可以大大地减龄！

你可能会说：“我不在乎。我才不会为别人穿衣打扮。”我强烈反对这种观点的原因是，你好好打扮不该是为了别人，而应该是为了自己，因为看起来漂亮会建立你的自信心，而别的任何事都做不到这一点。想想那些你自觉漂亮的日子。你不是信心满满吗？不是备感幸福吗？当有人说“你今天看起来很漂亮”或“你穿的衣服真漂亮”时，难道不会让你感到高兴吗？与那些你压根不在乎自己穿什么、只想躲在阴影中的日子相比，这样的日子难道不是更真实吗？

或许你会说：“我想要自己舒服。”这也是你放弃做最好最漂亮自己的借口。我说借口，因为你很漂亮的同时依然可以做到舒服。我们来看看鞋子。你真的必须穿那些笨重的棕色皮革凉鞋吗？不！有很多漂亮的凉鞋，平底鞋和中跟鞋，可以让你的脚看起来更棒！

我本来不想提起高跟鞋的话题。看到年轻女孩穿着三英寸高跟鞋行走时，只能说我很羡慕，不，非常嫉妒——多么美妙！我也穿过三英寸高跟鞋，这样的回忆对于当下已经没有意义。现在，我还留有几双高跟鞋，鞋跟从两英寸到两英寸半不等，但是只有坐车或者去街对面的餐厅吃饭时，我才穿它们。一英寸到一英寸半的高跟鞋，我可以随时随地穿，双脚感受很舒服。幸亏我还有很多有吸引力的选择，可以让我忘记嫉妒那些穿着三英寸高跟鞋的女孩。

如果你穿一英寸到一英寸半的高跟鞋感觉不舒服，那就试试坡跟鞋——附加的支撑会带来不同的感受，而且你也仍然可以穿带跟的鞋子。

然而，“漂亮”不会不请自来。这需要一点时间。过去我们总是漂亮的，但现在年纪大了，我们需要花费更多的时间。几个星期前，吉赛尔和我一起过夜。早上，她在浴室里待了好久才出来，说：“现在打扮起来得花这么长时间，真是不敢相信。”

我也同意她的看法。但是，除了花费更多的时间，你还需要向自己承诺：不要懒惰或疏忽，而要花更多的时间去打扮！

不要过分强调外表的重要性，但同时不要忘记你生命中最重要的资产就是你自己。而说到衣服，你就是产品，衣服仅仅是包装。18 世纪法国哲学家伏尔泰曾经说，“着装改变了态度”。18 世纪如此，今天仍然一样。

“看起来很好”是让你感觉良好的最佳方式，它可以提升你的精神，让你忘记自己的年龄。

我听过美国时装设计师哈尔斯顿在电视上的一次访谈：“那些无法打起精神的人对自己不感兴趣，缺乏自尊心。”

其他女人都把目光投向你，是你看起来很棒的最好证明！在你感觉自己漂亮和状态良好的日子，你会发现自己从其他女人那里得到了很多艳羡的目光。

请允许我稍稍偏一下题，但是我必须告诉你，我一直很开心人类可以穿衣。因为穿衣不仅让我们在冬天保持体温，更因为衣物使我们免于赤身裸体。你可以想象，如果每个人都像《皇帝的新装》中的皇帝一样，漂亮将无从谈起。也许是对他不穿衣服的形象生动而又令人不喜的描述，让孩童时的我第一次意识到衣服的重要性。

当青春之花凋零的时候，大多数女人都会努力去掩饰，这就是为什么用衣服和珠宝装饰身体，可谓是一种福祉！

第十九章

设计师的影响与时尚杂志的帮助

今天，设计师的名字和超市货架上的粮食品牌一样让我们耳熟能详。即便我们不用古奇或香奈儿，我们也知道他们。除了以制作漂亮衣服知名外，他们的个性、广为人知的生活方式以及标志性的符号让他们获得了与摇滚明星不相上下的地位。例如，卡尔·朗格菲尔德总是穿着黑西装，配白衬衫，戴深色眼镜，还有他的头发总是扎成马尾辫。所有这一切给女性带来了一种安全感和信心。

我们很难想象一个没有时装设计师的世界。但这一切是如何开始的呢?

高级时装

“高级时装”这个词，法国人用于指称独家创造、引领时尚潮流的时装，这或许会让你误以为设计师的流行发端于法国。事实并非如此！它是由一位名叫查尔斯·沃斯的英国人开创的。

12 岁时，沃斯成为伦敦著名的“天鹅和埃德加”商店的学徒。他在那里一干就是八年，他仔细观察那些时尚达人（美丽的人），他懂得了面料和风格，他注意到所有这些新理念都来自巴黎，于是 20 岁时他移居法国。

他在时尚商店“加吉林－奥皮兹 & 西”找到了一份工作。当一位销售员（他的已婚妻子）玛丽·韦尔内穿着他设计的连衣裙在店里推销服装时，顾客纷纷询问裙子出自何人之手。随着他的名气越来越大，他在拉派克斯街七号开设了自己的商店（这条街道今天是巴黎最优雅的购物大道之一）。在此之前，皇室成员、权贵和富人们都穿着御用裁缝为他们定制的服装，但他们的创新风格并不为人所知。但查尔斯·沃斯改变了这一切：在接下来的50年里，他为欧洲最有权势、最富有的女性打造服装。

自从150多年前查尔斯·沃斯将高级定制时装推向全球后，许多有天赋的男女设计师竞相追随他。让我们保持着对设计师的爱与迷恋。

时尚杂志

阅读《时尚》和《时尚芭莎》等杂志，是了解时尚“流行”或“过时”的最佳和最简单的方法。然而，许多女性从不购买这些杂志，因为她们无法辨别她们看到的东西。是的，衣服价格不菲，模特也缺乏真实感。但你可以把这些放在一边，如果你知道自己要寻找什么以及如何理解你所看到的，将有助于你为即将到来的季节规划衣橱，更新你已经拥有的服饰。

以下是一些可以帮到你的建议：

1. 不要被吓到。看到那些和自己生活的环境格格不入的女性服饰确实令人局促不安。怎么能有人和书上那个看着你的尤物竞争呢？谁能负担得起这些华服？怎么可能有人像图片中的模特一样把她的衬衫解开那么多呢？

2. 以分析、学习的方式研究化妆、发型和服装，研究她们是如何穿着以及搭配饰品。即使不是所有东西都适合你，你也有可能发现一些珠宝看起来和你放在抽屉里面的饰品很相似。如果在《时尚》的页面上看到它，你知道你可以把它翻出来，再次佩戴。

3. 研究新的流行趋势，熟悉一个季节的流行线条和款式。在你审视特定的衣服、确定你已经拥有类似衣服（或想要购买）之前，请考虑以下问题：

这个款式适合丰腴还是苗条的女性？

是偏长还是略短？

是凸显腰部，还是突出宽松？

是柔美型还是端庄型？

4. 考虑颜色。虽然勃艮第色也可能是本季的流行色，但还有其他许多颜色可以作为补充。最新时尚的颜色从来不是唯一的颜色，只是主导色。如果你的衣柜里没有勃艮第色，请考虑添加一件——可以是一双鞋、一条围巾或一个手提包——选择权在你。

5. 评估衣服的穿着方式。如果你想知道为什么你的风衣看起来不如杂志上那么漂亮，我可以向你打保票，差异不仅仅在于穿风衣的模特。再看一下图片：衣领上翻，袖子卷起；扣子不是一直扣到脖颈，而是解开两三个，呈现休闲和轻松的风格；腰带紧束，腰带的质地要和外衣浑然天成。你也可以仔细观察《时尚》的所有服饰，这可以在不多花一分钱的情况下让你看起来更漂亮。

6. 跟随时尚，采用流行发型。和杂志中的时装一样，特色发型是最新趋势的夸张版本，而不一定是你日常生活中采用的发型。然而，看到由几缕卷发勾勒出的面孔，你基本可以判断出卷发应是当季的流行风，你也应该尝试相应地调整你的发型。你可能希望尝试短卷发、齐肩卷发或仅在发梢打卷。无论你选择什么类型，一切都取决于你，但信号是明确的——直发不再流行！

7. 关注配饰。配饰是让你的形象与时俱进，使你从头到脚的装扮浑然一体的绝佳方式。它们还可以展示女性的个性或成为个性化的标志。

配　饰

珠宝迎合女人最大的弱点：虚荣心。这就是为什么回溯任何文明的历史，珠宝一直与女性有关。但就像服装一样，购买珠宝前必须试戴。一个漂亮的小吊坠放在柜台上看起来非常有吸引力，但佩戴在体型宽大的女性身上，它的吸引力几乎荡然无存。

要有效地利用珠宝，应避免佩戴任何看起来平淡无奇的珠宝。这正如尺寸之于设计一样。如果你想要一对纽扣式耳环，请不要设计成针头般大小的，耳环应该是可见的。不要购买暗金色的珠宝，因为它会让人觉得你不想彰显自己。闪亮的金色首饰将使你的脸熠熠生辉。平庸的珠宝看起来并不令人兴奋，反而会突出穿戴者的瑕疵。

围巾已成为最近几年的主要配饰。有些女性喜欢戴围巾并擅于佩戴，还有一些则一整天都要费心思不断调整滑落的围巾。不要因为一条不守规矩的围巾而自责！如果它是由合成或光滑的织物制成，如醋酸纤维或厚重的丝绸，你很难将它固定在合适的位置。要想轻松系好围巾，请选择柔软的丝绸或雪纺材质、长方形款式。时尚杂志会教你如何佩戴本季的围巾。

如果找不到吸引你的雪纺围巾，或者没有你中意的颜色，可以买一码面料。不要担心它的折边。面料的边是织边，不用在意。最后，你所要做的就是拉出一些线丝，直至形成小流苏的样子。

手提包通常被视为身份的象征，它们传达出品位、财富、阶层、优雅和年轻等信息。包包和围巾一样，经过几年的发展已成为重要的配饰。即使你每天都使用同一个包包，你家里的衣柜里仍会堆满其他的包包。你难道没有遇到那些无处不在诱惑你的新款漂亮包包吗？

很多包都有方便的肩带，但是如果你的包太重，它会随着时间累加而伤到你的肩膀，并最终让你弯腰驼背。不时为你的包包减负，把你已经忘却的东东找出来。

在涉及身份符号时，**鞋子**可以与手提包相媲美。已故的可可·香奈儿说：“一个穿着一双漂亮鞋子的女人永远也不会难看。”

非常正确。一双优质并昂贵的鞋可以掩饰任何服饰的不足。（还记得吗，俗语说：如果你的发型看起来很好而且你穿着漂亮的鞋子，其余的装饰人们几乎不会注意到。）只有当你的鞋子过时时，人们才会注意到其他细节。如果你像我们大多数人一样，这些年囤了很多鞋子，包括鞋跟太高伤到你脚的，没有机会再穿的，那些在商店试穿时合脚但买回来从未再穿的，看着压在柜底的鞋子，你可能不再买新鞋，情愿整天穿着舒适的便鞋。但你的便鞋是最新款吗？（是的，便鞋也会不断变换风格。）运动鞋也一样——颜色不一，材料多样，已经成为时尚之一。你准备丢掉旧运动鞋购买新运动鞋时，应该从杂志模特那里汲取灵感。

太阳镜除了保护眼睛免受阳光和眩光伤害的最初目的外，还可以遮饰女人的眼睛，为女人的外表瞬间增添性感和神秘感（我们这个年龄仍然可以利用）。

记得至少每两年购买一副新太阳镜。杜绝廉价太阳镜，比如几美元的街边货。太阳镜已经成为重要的时尚配饰，而且像珠宝一样，应该是熠熠生辉的个性宣言。太阳镜应该有精致的风格和良好的表面处理，否则很难经受住极易擦伤镜片的日常磨损，而暗淡的镜片会减损女人的吸引力。

为了恢复太阳镜的闪亮外观，用滑石粉（婴儿爽身粉）和水调成糊浆擦拭眼镜。冲洗和抛光后，你的眼镜看起来会像新的一样。

如果你没有订购时尚杂志——也许你可以要求子女送你一期作为生日礼物——至少偶尔购买一份。你会了解今天的时尚是什么，如果睁大眼睛，你会兴奋地发现你衣橱里的一些物件又成为时尚。

第二十章

选择最适合你的风格

与以往相比，现如今人们对服饰、着装的选择范围已变得极大丰富，人们可以随心任意选择。也许因为可供选择面太宽，或者是因为没有着装规范，使一切变得皆有可能。

但这于你而言并不适用。你需要穿着得体，搭配符合你年龄及生活方式的服饰。

成功着装……适合你的年龄

几年前，母亲和我在纽约开了家精品时装店。一天，店里来了位 70 多岁的女顾客，她的头发微微卷曲，已经灰白。她询问橱窗里一件搭配透明蕾丝上衣的白色褶边棉质连衣裙的价格。我母亲报出了价格，并补充说："我相信，您孙女穿着那件衣服会很漂亮。"

"我不是给孙女买，是给我自己。"女人哑着嗓子说。不用说，这次交易没有成功。

一个更现实的例子来自我瑞士的朋友艾莉，今年 86 岁。我送了她一条最新款拉尔夫·劳伦围巾。她打电话来致谢说："我刚刚在电视上看了纽约的时装秀，那些女孩穿着黑色紧身裤配搭彩色上衣，外面系着飘逸的围巾，我很喜欢这样的搭配。如果我还年轻的话，我会购买那整套行头，不过它们现在已经不适合我了，你送的围巾让我感觉我还是挺时尚的。再次感谢。"

该做什么和不该做什么

我是乐观主义者，但同时也是现实主义者，我非常赞同设计师卡尔·拉格菲尔德的观点，他说："没有比你试图扮嫩更显老的了。"

因此，我们探讨什么是合适的之前，让我们先审视什么是不合适的。

有一些事情即便已经过去很久，也依然会让人感到遗憾——直到我母亲去世那天，她都一直抵触新的时尚，并因为过于依赖旧日的风格而纠结万分。每当我们去购物，或者她阅读《时尚》杂志或者产品目录时，都会说："我想知道他们为什么样的人设计这些衣服。谁会穿这些？"

因为不想伤害她的感情，我会含糊地回答："是为年轻姑娘们设计的！"

"他们真的认为每个人都像年轻人一样吗？"她回答道，一脸难以置信。

不，他们也不这样想。设计师和服装制造商都知道，当今大多数女性年龄还不到 65 岁，但随着越来越多的"婴儿潮一代"的人步入老龄，这一比例每天都在变化。

成熟女人的时尚禁忌

请不要让这些禁忌剥夺你追求时尚的权利。拥抱时尚，会让你照镜子时更加喜欢自己。

层数太多：不要将自己埋在一层层的纺织物之下。我有个朋友，大部分时间都穿着一件吊带背心，一件衬衫，一件开襟衫，一件外套，还有一条披肩。即使在夏天，她也想方设法将自己一层层包裹起来。是的，多层的确流行，但它不应该隐藏这个人，掩盖好的体形，其实我的这位朋友身材保持得挺好。

短裤：当然，夏天穿短裤会比较凉爽，但你的虚荣心不会驱使你隐藏身上的斑点和静脉吗？即使你没有凸出的静脉，你的腿也不像以前那样好看了。

每当看到穿着短裤的老年妇女，我都会想：长裤真的会让人感觉很不舒服吗？在温暖的天气里，飘逸的长裙或长裤同样让人感觉清爽，而且让你看起来更漂亮！

吊带背心：这些小上衣适合不需要戴文胸的年轻女性，因为文胸带不美观，手臂下多余的赘肉也有碍观瞻。但是，如果你穿衬衫或深领口的上衣，仍然可以选择吊带背心。

人字拖：无论什么场合随处都可见穿人字拖的男男女女、老老少少。人字拖似乎是鞋子中不可或缺的圣品，是人们心目中的“百搭方案”。虽然人字拖最初只是作为沙滩装的标配，但现在它已经在全世界流行开来——没有人听从医生的警告——人字拖会对你的脚和腿造成伤害。你可以用一双漂亮的低跟凉鞋替换掉人字拖。

短裙：即便有一双美腿，超短裙对你而言也并不合适，因为它代表着青春，而你的身体和脸与它都不相称。

短袖：任何年龄阶段，肘部都不是你身体最吸引人的部位，但随着年龄的增长，你应该根据手臂的长短、胖瘦选择最适合的款式，尽量避免穿袖长刚好到肘部的款式。有时袖长到你手臂一半的位置最好，有时袖子很短的款式看起来更好。你需要根据自身手臂的情况，选择让你自己看起来最美的款式。

紧身衣：有些人认为穿紧身衣会让人看起来更苗条，但事实恰恰相反。因为你每一点多余的脂肪都会因紧身衣裤而凸显。相反，尝试一下略微有点宽松的风格，这不是指宽大或帐篷般的松散，这种风格可能更适合你。

紧身腰带：如果你的裤子或裙子的腰带太紧，它会把肉挤在一起。即便你腰腹部没有“游泳圈”，过于紧身的腰带也会送你一个的。这一点同样适

“他们是婴儿潮一代——嗯，你知道的，真的年龄很大了！”

用于内衣。要确保内裤的弹性，保证它在腰部或腿部的上部不要太紧，不要因为内裤太紧而制造出新的赘肉。

比基尼：请不要笑，我确实看到很多年长的女性穿着比基尼——晒太阳。这种穿衣风格不会给你带来任何好处——最惨的就是你的腹部——它实在不是一道多美丽的风景线。

有洞的牛仔裤：虽然用一条破洞牛仔裤炫耀年轻的皮肤可能会显得很性感，但是如果一个成熟女人穿带破洞的裤子会让她看起来像是想和她的孙女争宠。

大花或几何印花：这些花纹会喧宾夺主，这样穿着会让衣服占据主导，而不是穿这件衣服的人。大花，我指的是向日葵或洋蔷薇大小的花。

圆领：衣领刚好到脖根处会凸显你的脖子。你肯定认为这是要尽量避免的，因为你不想把注意力都吸引到你的脖子上，对吧？

老式文胸：你知道的，就是这么多年你一直穿的没有钢圈的老式文胸，真是太舒服了，是吧？你居家穿的那些？好吧，必须扔掉。为什么？看看你的胸围在哪里——在不恰当的位置，而新型文胸很容易纠正这个！

顺便说一下，如果你愿意尝试不戴文胸——哦，是的，尽管你感觉好得不得了——但千万不要尝试，因为这会加剧你的肌肉松弛。

超长的悬垂耳环：我说不出原因，但它们看起来不是正确的选择。也许它们就像一条超短裙，而我们不再年轻。

成熟女性的明智选择

在谈到具体细节前，我得问你一个重要的问题：你有一面全身镜吗？

我在客户家里，问起她们这个问题时，有一半人回答说："没有。我只是去洗手间里照。"

"在浴室里？您只能看到自己的腰部或下面一点。您看不出您的裙子或裤子是否合适，或者您的鞋子是否与您的服饰相配。"

一位客户说："我有全身镜。它就在门后。可我很少用，因为门前放着许多垃圾。"

如果你没有，或者你不用，请你立即改正这种情况。请将全身镜挂在可以一目了然检视自己的地方。请记住，就像用于化妆的放大镜一样，除非你能看到自己，否则你不知道自己的样子!

现在你知道什么是不适合你的了。如果你有一面镜子，就可以专注于让你心怡的事情了。

浅色：如果你偏爱黑色衣服，请与白色、黄色、粉红色、浅蓝色和浅灰色搭配起来穿。这些颜色可以搭配柔和或更明亮的色调。它们和肤色更搭。如果你觉得黑色太庄重并且想避而远之，那么海军蓝也是不错的选择。它虽然是深色，但表现感不是那么强烈。

深色：深色适于遮挡长赘肉的地方，如臀部和大腿。疲累时，最好不要穿黑色或其他深色上衣。身着浅色衣服会让你振作起来!

展示你的曲线：如果你的胸部比较大（有些女人宁愿用她的右臂换取一个丰满的胸围），不要把它藏在层层衣服下面：这会让你看起来像一个帐篷。相反，你可以穿着凸显腰身的款式，例如裹身式连衣裙或衬衫式服装。什么是衬衫式？这是自 20 世纪 50 年代开始流行的风格：纽扣式正面，系带，配长裙或直裙。衬衫式是一个时尚和招人喜欢的式样。

如果你的腰部仍然是你可以炫耀的资本，请将衬衫塞进裤子或裙子里。这比松散的上装更能体现年轻的形象。穿牛仔裤时记得要配腰带——这样会让你看起来更年轻。

领口：尝试各种领口，如汤匙领、V 领、宽松的皱领或船领。它们都能露出一些肌肤——或者你的肩部（乳沟）——这是我们在未来许多年仍然可以展示的。要注意你露出多少乳沟——点到为止比暴露太多效果更好。

印花：色彩柔和的或大或小的散碎印花图案，都非常讨人喜欢并且富有女人味。不过请远离细碎的花卉图案，它会让人想起你祖母的围裙。请记住，大而明亮的印花会喧宾夺主。如果你是图案的爱好者，请把它们作为着装的一部分，例如，花色裤子搭配纯色上衣，或者带花的上衣配纯色裤、裙。对于比较丰腴的女性来说，这是非常好的穿搭方式。

拉链、纽扣、衣领和口袋：这些配饰都可以为服装带来“活泼”的印象。拉链可以在任何合适或想要的地方打开。纽扣也有异曲同工之妙。衣领可以翻起来，多袋装会给你一个休闲、青春的形象。

狩猎风格：拉尔夫·劳伦是这一风格的形象代表，运动范儿的、青春的，但同时也是保守的，属于百搭款。穿着衬衫或夹克时，一定记得要把袖子和衣领翻起来。

无袖背心：背心非常适合掩饰你的“游泳圈”赘肉，同时展现你年轻的风采。它们适合在夏天搭配衬衫或连衣裙，冬天则可以搭配毛衣。

毛衣套装：如果你的毛衣偏紧，外面搭配开襟羊毛衫是掩饰赘肉的明智选择。

合体的文胸：你需要可以支撑胸部和分开乳房的文胸。做到这点并不容易，尤其在百货商店，有数百种不同风格和品牌的文胸争夺和分散你的注意力，销售人员无法帮到你。但是专卖店训练有素的销售人员可以为你测量并为你找到最合身的文胸。

如果你需要一个有聚拢功能的文胸使你的乳房看起来丰满一些，你要保证它不会使你变成平胸，让你的乳房变形。

风衣：这种实用的服装经过多年发展已经成为一种时尚产品，取代了很久以前流行的春秋外套。由于它是时尚产品，所以至少每两年更换一件。宽松剪裁的风衣是最吸引人的款式——对于任何年龄的人都如此——因为风衣具备一些有吸引力的细节，如肩饰、口袋和腰带。这的确是一种经典的风格，所以你可能会问："为什么我必须换新风衣呢？"好吧，因为几年的磨损使风衣显得老旧。寻找一件面料和颜色不同的风衣会让你焕然一新。

红鞋：每个女孩子都应该有一双红鞋。由于鞋和手提包不一定必须相配，红色鞋子将是对你衣橱 90%物件的有益补充，它真的可以为一件简单的黑色连衣裙、裤子或毛衣增色。无论风格如何，它们都会为你的形象增辉不少。

红色鞋子总归是有那么一点魔性——想想汉斯·克里斯蒂安·安德森的故事书《红鞋》，或者是《绿野仙踪》中多萝西的红鞋。如果你认为红鞋只适合年轻人，请看教皇本笃十六世，他 80 多岁时仍然穿红色的鞋子。

无论我们是否意识到，或者我们是否认为它重要，我们都会深受外貌的影响。请记住，给人留下良好的第一印象很重要——这句古老的格言至今仍是箴言！你永远不会忘记第一次见到某个人时的样子。

第二十一章

丢弃你不再穿的衣服

既然你现在已经知道该穿什么，不该穿什么，你一定准备去购物了。

没那么快！首先，需要为你的衣柜腾出空间。我们必须清除蜘蛛网，还有很久以前的记忆，以及那些不再适合你现在体型的衣服。

是的，这些衣服都还在那里！保存你不再穿的衣服，看到它们挂在衣柜里，只会让你徒增感伤，勾起你对过往的回忆。

“那是约翰和我第一次约会时我穿的裙子。”帕特里夏告诉我，手里拿着一件漂亮的红色礼服。

帕特里夏永远不会忘记约翰，她甚至不需要通过这件红礼服来回忆他，但是睹物思人，每看到一次，心中的痛就会加深一些，犹如利箭穿心。

或者你是否需要那件夏季紧身短款连衣裙提醒你，你再也穿不进八号尺码的衣服？那是过去，属于过去的生活！保留那件衣服永远不可能让时光倒流，它只会不断提醒你，你不再是过去的你或者那个尺码已经不适合你了。

“满墙的衣服，但没有什么可以穿的”是我们经常听到的抱怨。每次听到，我们都不由得暗笑，因为不得不承认，那就是我。

有两个原因可以解释为什么在你身上会发生这种情况，以及为什么你找不到合适的衣服穿。第一，衣柜里的衣服太多，你无从知道你都有哪些衣服。

你如何从一摞你看不到的衣物中挑选中意的衣服？所以你很可能习惯于总是穿那几套衣服而忽略了其余的衣服。第二个原因：你无法放弃你的衣物。

“哦，不，这件外套可花了我不少钱。”艾琳告诉我。

“你上次穿它是什么时候？”我问她。

“不记得了，应该是几年前！”

外套很厚重，占用了很多空间，只是因为它很昂贵，尽管不再穿，艾琳却仍然把它收在衣柜里。

假如你减肥了（有较大概率不会发生这样的事），或者你必须去参加派对，你是否真的认为10年前的这件衣服会为你增色？不会的。衣服的外观可能会出现扭曲变形。此外，长时间挂在衣柜里的服装面料看起来也会显得很陈旧。

如果你还需要一个理由的话，那第三个原因就是对于我们大多数退休或半退休的人来说，我们现在穿的衣服与我们每天上班所要穿的衣服大不相同。

有些时候，当你打开衣柜，你难道听不到你的商务套装和工作服在问你：“你打算怎么处理我们？我们做错了什么？你已经很久没有穿我们了。”它们感到被忽视了。让它们恢复生机的最佳方式是将它们捐赠给旧衣物回收机构（如“无底衣柜”或“为成功穿着”），这些机构会帮助女性找到工作岗位，你的套装也会让她们显得格外胜任她们现在的工作。

我非常欣赏我的朋友佩吉安妮的人生哲学。当她不再穿某一件衣服时，她说：“让他人享用它吧。”

管好你的衣橱

清理衣橱是件大事。需要时间，所以请找出一两天空闲时间，如果你有一个可以信任的闺蜜，你可以请求她的帮助。另一种选择是聘请衣橱顾问。

我认为这是件大事，因为你必须亲自审视挂在衣橱里的每件衣服并做出决定，然后回答诸如此类的问题：

它还适合我吗？

我还喜欢吗？

它还合我身吗？

我还需要它吗？

如果有疑问，你必须试穿一下——我知道这是废话，但这是获得答案的唯一方法。如果答案是“不”，请立即折叠好并放入你准备捐赠衣物的袋子中。我为什么会提到这个呢？因为我看到太多的女性将衣物放在一边，但是稍后看到它时会犹豫，然后把它又放回衣橱。

任务完成后，当你轻松地看着空空如也的衣橱和那些空衣架，你会认同我的观点——衣服越少越好。

你会更容易知道自己该穿什么。

需求更少会带来另一个好处：你可以购买更加多样化的服装。如果你每天上班并且需要穿着不同服装，你的预算可能会捉襟见肘。现在，你可以选择精品店里看到的一件漂亮女式衬衫，而不是购买特价商品或购买三件廉价的上衣。

让我们回过头来看看那些舍不得丢弃东西的人吧。你有孙女吗？这可能会改变一些情况。

你有祖母吗？如果有，你会记得当她允许你翻看她的衣橱和抽屉时，你是多么的兴奋——这对你的孙女来说也是如此。

如果你有一些衣物可以反映时代变迁——就像我 70 年代的蓝色牛仔裤，上面满是人脸和星星，或者你有一条带流苏的皮裙，一件亮片短上衣，或者一件皮草披肩（很多年不穿了但仍留着）——你的孙女可能会给你完美的答案，她会欣然接受它们的。

在我的一个衣橱里，我留了一些衣服给我的孙女珂赛特，我告诉她这些衣服是留给她的，她说："但是祖母，它们对我来说太大了。也许我妈妈穿更合适？"

"是有些大，亲爱的，不过我觉得你妈妈不会穿这些衣服的。"

接着我解释说："等你长成大姑娘，你和你的朋友们一起看看这些旧衣服，会收获很多乐趣。你的朋友会笑着说：'什么？你的祖母穿过那些牛仔裤？'"

珂赛特不太明白我在说什么，她摸着一件刺绣的古典样式的连衣裙，问道："这也是留给我的吗？"

"是的。"

她用小手摸着刺绣的同时，说道："我好喜欢这件裙子。"

我很期待看到有一天她穿上那件裙子。但即使我看不到，她可能会有穿上那件裙子的想法，这已经赋予它一个全新的意义。（所有那些你不再穿的服饰和珠宝都可以达到同样的目的：它会让你的孙女开心并让她想起你！）

如果我仍然没有说服你为你的衣橱减负，那么我需要提醒你，你不再穿的衣物对于有需要的人来说可能是莫大的帮助。

接受捐赠的组织有很多，有的甚至可以上门来取。你可以查看当地的组织，你所在的教区，或在线查看那些非营利组织。它们都会感激于你的慷慨，你会知道你的"优质的红色外套"再次实现了它的价值。

第二十二章

购物的乐趣

购物——一个神奇的词语——是女性最大的生活乐趣之一。你去购买新衣，自娱自乐，和闺蜜相会，你甚至通过购物来缓解不愉快的心情。

你走出商店时，手臂上挂着手袋，让你满是胜利的收获。你有了一件新裙子、一件新上衣、一双新鞋，或者只是新的化妆品或连裤袜，但无论它是什么，都会让你感觉良好，焕然一新。

我总是迫不及待地赶回家欣赏我新发现的宝贝，当我把它挂在衣柜里时，其他一切都黯然失色。

但要将这种愉悦与良好的结果结合起来是一项挑战，其中有很多陷阱，最危险的就是促销和冲动购买，这实际上是同一种陷阱。几乎没有一个女人（包括我）可以抵抗巨大的促销诱惑。

"哦，我们进去看看有什么！"我的一个闺蜜说，于是我们走了进去。

诱惑太多了，比如价签上用红色标注着：原价 69.95 美元，现价 29.95 美元。哇！多划算的买卖，无论你是否需要，是否合适，或者你的衣橱里是否还挂着类似物件，你会把这件 29.95 美元的上衣搬回家。

我也喜欢促销，但是当我发现促销期间的各种"买买买"导致我没有预算购买我非常需要的冬季外套后，我吸取了教训。

顺便说一下，如果世界上只有男人，那么降价促销就不会取得如此巨大的成功。作为时尚界人士，我经常有机会参与巴宝莉和佩里·埃利斯公司的促销活动。促销在上午10点开始，我上午10点30分才到，女士们已经拿着购物袋冲向电梯，电梯变得拥挤不堪。

而另一方面，少数几位男士去收银台的时候，手里不过拿着两件衬衫、一条领带、几双短袜——即使是巴宝莉大减价也没让他们放纵自己的购买欲。男人只买他们需要的东西，不会因为这是一笔不错的买卖而随意出手。

有时，我会告诉马克："儿子，本周佩里·埃利斯有一个促销活动。你不想买点什么吗？"

"不需要买什么。"

"真的不需要吗？有很多不错的男士服装，价格很便宜，比商店里要低很多。"

"是吗，可我真的不需要任何东西！"

男人怎么会什么都不需要呢？这是为什么？也许是因为男人可以一个星期都穿同一套蓝色西装上班也没有人会注意到或者妄加评论。而如果一个女人一周之内有两天穿了同一件黄色连衣裙，她的同事就会说："看到了吗，她又穿那件衣服。真不知道她还有没有别的衣服可穿。"

但我很高兴，作为一个女人，我可以把购物视为我生活的乐趣之一。

准备好你的购物游

现在你已经清理了你的衣橱，你知道需要为新季添加点什么。然而，就像你去超市一样，拟一个购物单是个很实用的办法，因为你很容易被大幅度的折扣吸引，从而忘记你最需要的是什么。此外，通过不断查阅你的购物清单，你就不会购买那件可爱的毛衣，因为你知道它没有办法搭配你的衣物。

下面是一些避免你购衣出错的建议：

购买前弄清楚你需要什么。

如果你没有机会穿戴，请不要购买。

购买任何衣服前都先试穿。试衣间门前可能排有长队，但记住如果是促销商品，商家一般不支持退货。

忽略尺码标签。如果适合你，这就是你的尺寸。如果标签尺码为 14 号而你认为自己的尺码是 12 号，也没必要担心：你的体重并没有增加，只不过服装生产商各有各的尺码。

切勿购买略显紧身的服装。你可能认为你在不久的将来会减肥成功，但还记得你有多少次减肥失败的经历吗？每次看到这件上衣或连衣裙挂在衣橱里，你会感到沮丧。首先，它会提醒你，你没有减体重。其次，你将体验到为一件你不能穿的衣服花钱的不快。即使是娇小女人穿着紧身衣服看起来也显胖。更好的选择是购买稍大的衣服，因为这会使你看起来更苗条。

不要根据服装在衣架上的外观来做判断。不要让衣架上的衣服外观影响你的决定。挂在那里它可能看起来很单调，但穿在你身上却可能令你惊艳。也可能挂在衣架上很漂亮的衣服，穿在你身上却不怎么样。做出购买决定之前，一定要试穿一下。

检查衣服是否合身。确保你能从后面和侧面看到自己（如果商店没有三面镜，请使用你手提包中的化妆镜），确保衣物没有不该有的拉扣或褶皱。

※ *肩部接缝*：除非款式要求，否则肩部接缝应位于自然肩线上。如果接缝距离肩线太远，衣服看起来会太小；耷拉在肩膀上的接缝会让衣服看起来太大。

※ *裤子*：当你挺直站立时，前裆不应该过紧，后裆不应该臃肿。裤长应该覆盖到你鞋跟的一半。如果裤腿偏长，裁短是很容易的；但如果太短，加长裤脚时经常会留下褶痕，这个痕迹即使干洗或熨烫也不会完全消失。

※ *衬衫和夹克*：当衬衫或夹克正面扣上扣子后出现绷口时，表明它们对

你而言太小了。

购买整套服装或搭配好的服装。避免单买裙子或上装。设计师非常注重设计互搭的衣服，由于现在每件衣服都可以单独出售，所以我们经常会错误地只购买一件，以后便很难找到完美的搭配。

带上你想要搭配的任何东西。当你想要买与你衣橱里的衣服相配的服饰时，你可以在购物时随身携带它，这样可以确保它们能够相搭。毕竟，除非你亲眼看到它们的搭配情况，否则很难知道米色的特定色调是否与你的夹克相配。

不要被 50%的折扣蒙蔽。有些商店出售专门为促销而制造的商品，因此即便降价，商家仍有赢利空间。并非所有促销都物超所值。

保持对品牌的忠诚度。如果某些制造商的风格和剪裁很适合你而你也喜欢他们的设计，那就选择他们吧。“篱笆另一边的青草并不总是更绿”，这个道理你懂，可能你也这么认为，但无处不在的选择和促销或许会让你忘却这个道理。

考虑一下你穿某件服装的感受。当你穿上某件连衣裙、外套或西装时，它可能会即刻让你感觉更好。如果你认为它看起来不错可又觉得它不合身，那就说明它不适合你。不要试图说服自己认为这件衣服还不错。还不错意味着还不够好。请记住，如果你的衣服上身后感觉很好，你穿着它会让人眼前一亮，你将会释放满满的自信。因此，当你犹豫不决时，请不要做出购买的决定。如果衣服真的适合你，你穿上它的那一刻就应该爱上它。

最后一个建议，是我个人的经验之谈：

相信自己的判断。你知道自己穿什么最好看。许多女性说：“我不知道什么适合我。”其实你是知道的。花点时间看看自己，然后问：“我喜欢这个吗？它让我看起来很漂亮吗？感觉舒服吗？”在接受朋友的建议时要特别注意。她不是你，她的认可不应该成为你购买一件你穿上感觉不舒服的衣服的理由。

我知道你有正确答案：再看看吧。

我不得不说，如果你在“买买买”时总想着这些条条框框是很累人的。但是一旦你掌握了这些购衣技巧，并形成习惯，它们就成了你的第二天性。请不要忽视你变美变优雅的一线转机。你现在可以有时间去关注自己，这是你多年来无法做到的。所以，慢慢来，穿最适合自己的衣服，享受轻松自在的装扮之旅。

内衣也重要!

现在你外面的穿着看起来很好，里面穿得怎么样？我的意思是你的内衣！没有人看得到，你什么意思？难道你不是那个看得到自己内衣的人吗？还记得你穿着丝质内裤和蕾丝文胸的美妙感觉吗？还记得它多么有女人味和性感吗？

对我来说，漂亮的内衣总让我感觉自己更有女人味，更值得期待。

喜欢漂亮的内衣肯定是我们家族的另一个共同点。我外祖母凯瑟琳娜的座右铭是“一个人一定要穿上漂亮衣服去做爱或去医院”。

她非常尊重医生，给医生留下好印象对她很重要——就像做爱一样，我只能推断她了解这一切!

她有过两任丈夫和至少一个情人。她的第一任丈夫（她和他有两个女儿）战争结束后返家，发现她与另一名男子有染，就与她离婚了。她和她生命中的第二个男人怀着负罪感（当时是这样认为的）一起生活，因为他的妻子不同意离婚，他是我母亲的生父。

后来，她遇到了我的外祖父威廉。他是一名退伍老兵，因为参加一战以及战争中险些被活埋，得到了政府的抚恤和补偿，她嫁给了他。养老金倒在其次，主要是他实现了祖母的另一种信念：“为了拥有美好的婚姻，男人必须爱他的女人多于她对他的爱。”

即使威廉有时与她意见相左，他也总是迁就她。他总带着深情而迷恋的笑容说：“嗯，就这样吧。我知道你会照自己的想法去做的。”

无论你是想打动你的医生，还是其他你可能遇到的人，都要记得离开商店之前逛逛内衣部，看看有什么新鲜货品。你可能会对今天人们制作内衣的新型面料感到新奇。它们非常光滑和舒适，通常没有接缝并提供更多支撑。所有这些改动都是为了让你的衣服更合身。

去商场购物，想找到你心仪的货品需要花费很多时间。根据我的经验，百货商店的每个楼层都堆满了数以百计雷同的货品，让人应接不暇。谁有那么多时间（和精力）一层层爬楼去找寻合适的衣物呢？但其实是有更好的方法。试试在精品店或专卖店购买衣服吧，这样你就不会为大量的商品所困，并且你会享受到一对一的贴心服务！

第二十三章

微微一笑，改变一切

笑脸会带给任何年龄的人一张漂亮的脸孔。友善可以赋予你一切。大多数老年人友好而有礼貌，但有些人则不然，就像前几天在超市遇到的那位女士。遇到她时，她一脸不悦，因为当时购物车没有了，而当我帮她找到一辆时，我并没有收获感谢——不管有没有购物车她都一样不开心。

有些人将购物车放在过道中间而不考虑要从这儿经过的其他顾客。我一直不理解为什么老年人要和上班族挤在同一个时间购物。等到商店里空无一人、货架触手可及时再去购物，岂不是更容易吗？

温迪多年来一直是我的客户，她母亲在成为我的朋友之前，一直比较苛刻、难以相处，她让温迪的生活变得不易。一天，当温迪再次未能取悦她母亲时，温迪生气地说："妈，我知道您生气和不快乐，但您老了不是我的错。"

变老不是任何人的错，它是生活为年轻人让出空间的方式。作为老年人，我曾经多次看到年轻人如何乐于帮助面带微笑的友好老人，但却对那些漠视周围世界，一脸不悦，看起来很沮丧，要求苛刻的老人敬而远之。

人们确实难以抗拒一个面带温暖而迷人的微笑，善于倾听并对正在发生的事情表现出兴趣的人，以及能够以愉快、非对抗的方式表达他或她意见的人。你脸上的笑容会吸引别人，你将成为他们的灵感来源。而且，自嘲一下也可以打破僵局。

"您没听到门铃声吗？"我儿子因我开门迟缓而质问我。

我没有被他的语气激怒，而是说：“你知道我现在有点耳背，而且动作慢，给我点儿时间！”

他不禁笑了起来，经过我身边时给了我一个大大的拥抱。

进入第五大道的飒拉时尚精品店，我问一位年轻的男销售员（他和他的一位非常迷人、年龄不超过 20 岁的女同事聊完天儿才关注到我）：“你们这儿有热身服吗？”

他一脸狐疑地看着我。

“您要找什么？”他问。

过了一会儿，他继续说：“哦，我们不卖那些东西。”

听到他把热身服称为那些东西，我意识到自己犯了错误。这事要是搁在多年前，我一定会感到自己被这个年轻人的态度和语气所冒犯，但现在不会了。走出商店，我露出自嘲的微笑——“难道你以为你知道的更多——你在想什么？”我确实错了。我不认为第五大道上个性化的精品店会卖老年女装。这是我的错。

是的，也许这个年轻人相较而言有点过分，但不要责怪他，这个错误并没有破坏我一天的心情。相反，却让我笑了自己一整天。

幽默是生活中最好的防御方式。看到有趣的一面会让一切变得更美好。当你微笑时，记住用你的魅力得到你想要的东西，如果你可以再增加一些善意，你将使世界变得更美好，同时让自己感觉更好。

遗憾的是，魅力不是我母亲所富有的东西。她很有趣，也是一个很好的故事讲述者，她让人发笑，但她的判断力和耐心的缺乏使她非常痛苦。她经常毫不犹豫，直截了当地表达她对某人行为或工作的看法。

而我的外祖母是个温柔随和的女人。当她不同意或不了解某人的作为时，她会耸耸肩说：“我们的主的王国里有许多不同的动物。”

外祖母很受欢迎，并且以脚踏实地的生活态度随时准备伸出援手，就像雅克和我在那个寒冷的一月到达德国时她所做的那样。我们已经闲待了一年，需要找份工作。

雅克每天读招聘广告，参加了许多面试，但收效甚微，每天晚上我们都在期待第二天会有好运气。一天晚饭后，我的外祖母从餐桌边起身走进卧室。回来时，她手里拿着一张 100 马克的德国钞票。她把它放在雅克面前的桌子上，说："这是 100 马克，明天去买件体面的外套。你穿着那件糟心的风衣，永远也找不到工作。"过了一会儿她又说："等你找到工作了再还我。"

第二天早上，我们去奥芬巴赫的弗雷百货店买外套。它是镇上最大的百货公司，恰好有雅克所需要的：一件漂亮的，齐膝米驼色外套，售价 99 马克。我们回到家时，外祖母打量着他说："你看起来挺帅嘛！那么与众不同。现在肯定有人会雇你的！"

她是对的。接下来的面试是在布尔格附近的施拉姆涂料公司。他们雇用了雅克，他在他们的实验室工作了一年。

"你像你的外祖母。"我的母亲在我幼时经常告诉我，甚至我长大成人后她也经常这么说。我不确定这是不是一种恭维，因为她在很多方面都不认同她的母亲。但是没有关系，因为我喜欢并钦佩外祖母，所以我很高兴能成为像她一样的人。

今天的世界让老年人边缘化，而缓解这种情况的唯一方法就是友好和理解，用我们的微笑来改变这种可能。

结 语

放弃生活不是选项

是的，你变得行动迟缓，你更容易疲倦。然而，你必须保持自己的节奏，但这并不意味着你必须放弃生活。你只是要倍加小心。

记得无论扶手在哪里，都要握住它们；保持一盏灯开着，这样在起夜的时候可以避免摔倒；最重要的是，要学会加倍珍惜你的空闲时间，这会让你以一种全新的方式享受生活。

一切都是相对的，你如何度过未来的岁月主要取决于你对生活，以及对自己和周围世界的看法。

乔伊斯和我正在曼哈顿城中心的一家餐馆共进午餐，那里是商务男士和年轻高管们心中的圣地。我们中午到的那里，30 分钟后，我们身边的每个座位都被那些只有一小时午饭时间的人们占据了。他们很快吃完，马上就消失了，而我们下午 1 点 45 分了还悠然地坐在那里。看着人们匆匆而来，吃饭，赶回去工作，这样的场景是让老年人感觉非常好的时刻之一。

不记得是谁说过，“你的年龄，全凭你感觉”，不管这话是谁说的，重要的是要懂得他或她说的是什么。

一个数字意味着什么？如果你愿意的话，意味着很多。但事实上，这只在你的护照上很重要。在你的心目中，没有它的位置。我们怎样才能阻止数字的萦绕？不要沉迷于陈旧的想法。避免谈论年龄，避免只谈论疾病（我害怕有的朋友打电话给我，因为他们谈论的只是谁又生病了）。

相反，保持活跃，并开始思考迎接新挑战、新冒险和认识新朋友。这样做，你会忘了自己的年龄。拥抱周围的世界，你将再次成为世界的一部分，而不是被误解或落伍。

一天，在“无底衣柜”，一位与我一样在那里当志愿者的女士问我：“您知道我 85 岁了吗？”

我沉吟片刻才回答她。

“难以置信，”我说，“您真棒。”

她一头银灰色头发，被精心修剪，很有光泽。她总是穿着整齐，腰板挺直，昂首挺胸。每周几小时的志愿服务足以让她保持与外界的联系，让她觉得自己仍然被需要。

第七十九街跳蚤市场的小贩米歇尔已经在那里干了许多年。几周前，我光顾跳蚤市场时，很高兴又见到了她。

“您还在这里。多好啊！”我说，“您好吗？”

“嗯，生意不是很好，幸亏我的大部分商品都是寄售的，所以能不能卖掉就没那么重要了。”

当我浏览她桌子上陈列的商品时，她走近我，低声说：“您知道我不是为了钱。我这样做是为了让每个星期天都有盼头，我 92 岁了，我还能做些什么才能与人接触呢？”

“我觉得您很棒，”我说，并对她报以钦佩的微笑。接着我补充道：“有志者事竟成！”

“没错！”她紧握着我的手说。

不要让年龄成为你的借口

不要玩年龄游戏啦！不要因为你不想做的事而责备岁月。不需要为想乘公交车而不是走路去市中心找借口。这就像那些女人在不想要什么东西的时候，会拿她们的丈夫做挡箭牌——“哦，我老公不想要！”——尽管他从未被征询意见。

我最近与马克一家去德国慕尼黑旅行，我们计划参观位于市中心的英格兰花园。离开酒店前，我儿子对我说：“别忘了在衣服里面穿上您的泳衣。”

我还没有来得及问他为什么，他就走了。我们来到公园，站在湍急冰冷的溪水前，我明白了。人们去那里游泳。我看着一群年轻人被强大的水流推动，他们把啤酒瓶高高举起，避免水花溅入。（是的，这里是德国，到处都有啤酒。）

“哦，水很凉。”马克从溪水中出来时颤抖着声音说。

“您为什么不下来？”安鼓励着我。

“我？不，我不喜欢。我不喜欢凉水和湍急的水流。”

“真的吗？但这很有趣。”她说。有那么一刻，我受到了诱惑。我不想让人觉得我做不到或者害怕。考虑再三，即使时光倒流 20 年，我也不会跳下去。我从来都不是运动爱好者。

“很遗憾。”安大声喊着，她被水带到下游，看不见了。

如果有人说，你总是以年纪大为由而拒绝做某事，这种指责有失公允。如果你回想起来，你可能会记得你从来不喜欢露营，现在不想这样做不是你的年龄在作祟。这是你的选择，就像 20 年前一样。

你年轻的时光比你年老的时光要长。你过去的经历教会了你许多值得骄傲的东西。有时网上的年轻人会质疑你的经验，那是因为他们认为那些已经过时。与互联网、平板电脑和苹果手机相比，它们确实过时了。然而，正是那些生活阅历使你成为今天的你，你应该为你曾帮助他们创造如此美好的世界而骄傲。

是的，世界已经发生了改变，其中一个积极的变化就是我们现在比以往任何时候都更长寿。但是，生命的延长也给我们带来了前辈们从未面对过的新挑战。

接下来会发生什么?

这是一个我们许多人都将面临的问题，并不容易回答，但问题的关键在于与世界保持联系。永远不要说“在我这个年纪”。如果你觉得自己老，这是一个必须改变的心态。你不能被这种思维所支配，否则它会使你行为瘫痪的。

你现在可能不像以前那样有多种选择，但有限的选项可以让你目标更明确，并且享受其中。以下是一些可以帮助你保持与外界联系的活动：

去教堂

志愿服务

享受博物馆之旅

参加讲座

去看电影和戏剧

购物

去公园散步

去图书馆

培养一个新的爱好

“瑞吉儿，知道我为什么喜欢你吗？因为你和我一样老！”

旅行

你可以为自己做的最好的事情，就是与你的朋友和家人保持密切联系。

你的家人可能最需要你。在你的帮助下，他们不需要请陌生人来照顾孩子，孩子不用脖子上挂着钥匙跑来跑去，也不需要安装摄像头来监视家里的保姆。遗憾的是，如今许多祖父母通常通过 Skype 或 FaceTime 来看他们的孙子、孙女。如果我们相距遥远，或许这是不错的选择，但遗憾的是，还没有人发明能让我们通过网络感受到我们孙子、孙女的小手臂拥抱我们的方式。

也许我们每个人，无论年轻还是年老，都应该退后一步，帮助重建家庭的纽带。代际之间的契约需要重新界定，而不是放弃！

你的朋友圈中，需要有一些年轻人。当我问我的朋友戴安娜为什么加入某个组织时，她说："在那里我感觉很好，我感觉更年轻，因为那里的每个人都比我年长。"

这不是正确的做法。

我很高兴能与年龄刚刚是我一半的人做朋友。她们的友谊为我的世界带来了新境界。当她们和我谈起她们的工作或她们刚刚约会的男人，或者我们谈论最新的流行趋势时，我重新焕发了活力。

年轻的时候，我从没想过有一天我不再年轻。我的外祖母曾说："变老的唯一好处就是它发生在每个人身上。"我对此置若罔闻。

许多年后，我仍然没有听进去。我不觉得老，因为我觉得自己青春永驻。如果你问我什么时候准备好变老，我的回答是——永远不！

写下你生命的下一章

你谈论自己时，总是说："我这一生中……"但你真的只有一次生命吗?我不这么认为。回想起来，我生命中经历了许多不同的阶段，这些阶段都像书中的章节一样有明确的开端和结尾。你生命的这个阶段是一个新的篇章。它会是一个充满挑战、全新体验、富有快乐和欢笑的篇章吗?

这取决于你。你是生命中这一新篇章的作者，你将写下这个故事的幸福结局。是的，会有困难，你将不得不应对它们，但如果你保持乐观，积极进取，并拒绝让"老年人"在字里行间徘徊，那么你的故事会更精彩，更容易写就。

唯一永恒的是改变。你如何应对变化决定了你的未来——如果你永不放弃，未来会更加光明!

“虽年老，但我不服老。”

致 谢

当我们看到一本书并读到作者的名字时，我们只会看到一个人……但要写一本书，需要很多才华横溢的专业人士参与，我要感谢他们的友情支持和帮助；如果没有他们，这本书就不会出版。

梅雷迪思·伯恩斯坦，我的朋友和我之前著书的代理人，她从没有失去方向，总是心怀出版一本书应该取得成功的愿景。她鼓励我写这本书。

如果没有我的编辑坎迪斯·约翰逊，一切都难以想象。她帮助我简化自己的想法，润色我那些美式英语表达。我很感激她的宽容指导，因为她了解作家脆弱的自我，并为完成一段愉快而令人兴奋的历程铺平了道路。这些我将永远铭记并感激不尽。

谢谢你加里·罗森伯格！加里负责将这些零碎的部分整编成一本精美而又引人入胜的书，使其出版面世。当我看到第一版封面布局时，我才相信我又完成了一本书。

我还要感谢我在书中提到的许多人。他们曾是——也仍然是我生命的一部分，我对他们的友谊心存感激。有的人我使用了化名，但很多人要求我使用他们的真名，我很高兴他们愿意成为这个旅程的一部分。

还有我的家人：我的儿媳安；我的孙子雷米、孙女珂赛特；还有雅克，他是我一生的挚友。感谢所有人，他们以自己的方式，让我更幸福，并赋予了我的生命特殊的意义。

最后，我要感谢我的儿子马克。他对不那么懂电脑的母亲的耐心使我的工作变得更加容易。当我丢失文件或者不懂在线编辑时，他总是随时准备提供帮助——除了他的计算机专业知识，我还要感谢他的爱，我想告诉他：“马克，我爱你！谢谢。”

独自一人，我们能做的很少；大家一起，我们能做的很多。

——海伦·凯勒

关于作者

得益于曾为设计师、模特和设计工作室开创者的经历，以及她多年来与纽约时尚界的联系，布瑞杰蒂·妮奥奇创作了《享受晚年时光——女性如何应对晚年生活的挑战》，鼓励女性积极向上，永不放弃生活，并帮助我们认识到我们每个人对自己的外表、自信和幸福负有重大的责任。

布瑞杰蒂是《时尚穿衣》《格调：穿出来的品位》和《什么让男人转身》的作者。她出生于德国，移居美国前曾在澳大利亚和巴黎居住。她长期定居纽约，是一位骄傲的母亲和溺爱孙子、孙女的祖母，她计划永远不“老”。